教師の自己成長と教育カウンセリング

教師の人生はミッションとパッションだ

明治大学教授
諸富祥彦著

図書文化

はじめに――教育カウンセリングを学ぶと、教師自身の人生が変わる

いま、「アクティブ・ラーニング」「非認知能力」などの言葉で、子どもの「人間力」、人間としての「生きる力」の育成の重要性が説かれています。そしてそれは、「主体的・対話的で深い学び」によって可能になると考えられています。

そこで「教師の資質」として求められるのは、教育技術以上に「教師の人間としての成長」であると私は思います。教える側の教師に人間力がなければ子どもの人間力を育てることなどできるはずがないからです。教師自身が人間として成長し、真の幸福を感じていなければ、子どもが人間的に成長し、幸福な人生を歩むように支えることなどできません。

「教師力を育成する」という趣旨で、授業のスキルやクラスのまとめ方について書かれた本はたくさんあります。しかし、教師力のなかで最も重要で根底的な力である人間力、人間的な資質を教師がどうやって体得していくことができるかを正面から論じたものはあまりありません。

教育カウンセリングは、教師自身の人間としての自己成長にダイレクトに取り組むことができる画期的な方法です。

教育カウンセリングは、言わば、教師にとっての「心の人間道場」。教師自身が深く自分を見つめ、深く語り合うことを通して自らの人間的成長に取り組んでいく方法です。それはまさに、

教師同士が深く人生を語り合うことを通しての「主体的・対話的で深い学び」です。

教師が教育カウンセリングを学ぶと、教師自身の人生が変わる。ここが、ほかの学習と教育カウンセリングの学習の決定的な違いです。

多くの教師は、自分自身の人生に迷いや不確かさを抱えながら生きています。しかしその迷いや不確かさを見つめるならば、自己を深く見つめ深く語り合う教育カウンセリングを習ぶきっかけになります。

教育カウンセリングを学び、教師が自己成長を遂げていくことで、教師自身の人生が変わります。そして、教師が変われば、学級が変わり、学校が変わります。ひいては、社会や世界が変わっていきます。教育カウンセリングは、その原点から、教師という「人間」を変革することを通して、「学校教育の変革」に、ひいては社会全体の変革に取り組むものでした。

教育カウンセリングを学ぶことで、教師であるあなた自身の人生そのものが豊かなものへと変わっていくのです。

二〇一七年二月

諸富祥彦

CONTENTS

教師の自己成長と教育カウンセリング——教師の人生はミッションとパッションだ

第1章

教育カウンセリングを学ぶと
教師自身が人間的に成長し、幸福になれる

1　教師は、教師の自己成長にかかっている！

◆教師に不可欠な自己を見つめる力

教育は人格形成の営みです。そうであれば、まず教師自身が、自らの自己形成、自己成長に取り組んでいかなくてはなりません。教師自身が人間として成長していく。自分を高めていく。より深みのある人格をめざしていくのです。

教師自身が自らの人格形成に取り組んでいないと、教育という仕事は単なる技術職になってしまいます。

私がこれまで出会った多くの先生方のなかには「これは、ほんものの教師だ」と思える方がいました。そんなほんものの教師には、共通する要素があります。それは、教科の教え方や生徒指導のスキルにとどまらず、自己成長（自身の人間としての成長）に真剣に取り組んでおられる、という点です。自分自身を深く見つめ、人間的に成長することに真剣に取り組んでいるのです。

「よい教師の条件」は、大きく二つあると思います。

一つめは、子どもや保護者、同僚の教師から見ても、「こんな人間になれたらいいな」という生き方のモデルになっていること。二つめは、人生の苦難にぶつかったとき、「あの先生に相談したい」と思ってもらえるような人間的な魅力や深みがあることです。

子どもが成人しかつての恩師に会ったとき、当時は輝いて見えた先生が、「なんだ、人間的には大したことのない、表面的な先生だったんだな」とがっかりすることがあります。いっぽうで、「ああ、この先生はさすがだ。人間的に深みがある。この先生になら何かあったら相談したい」と思う場合もあるものです。

成人した教え子から、「この先生に相談したい」と思われるような人間的に深みのある教師になっていただきたいと思います。

かつての教え子たちが絶望の縁に立ったとき、かつての恩師を思い出し、「あの先生ならきっとわかってくれる。この悩みを相談したい」と思えるような、人間的な深みをもった教師との出会いが彼らには必要です。

「この人だったら本気で受け止めてくれる」という希望をもたせることができるか。それとも、「この人自身、守りの人生しか生きてないな」と落胆させてしまう教師にしかなれないのか

――ここが教師の価値を決める大きなポイントです。

◆同僚に問われる教師の資質――援助希求をしてもらえるか

私は、教師のカウンセリングを専門の一つにしています。

先生方の悩みはさまざまです。学級経営がうまくいかない。落ち着かない子どもたちが増えた。クラスがざわつく。保護者からクレームがくる……。

これにご自身の人生の悩みも加わります。なかには、ちょうどクラスが荒れているとき長年交際し、結婚を誓った男性に突然去られてしまった方もいます。ダブルパンチ、トリプルパンチを浴び、深い絶望の闇にたたき落とされていくのです。

このように深い悩みを抱えた同僚が、「この先生ならきっとわかってくれる。相談してみよう」と思える人間としての深み、温かみ、人格の器を感じることができる人にあなたはなれているかどうか。

同僚に胸を開いて相談してもらえる教師になれているか否かが、問われるのです。

2　教師の自己成長を促す教育カウンセリングとは

私は人間の自己成長を、横軸（水平性）と縦軸（垂直性）の二つの軸で説明しています（一二ページ参照）。

◆自己成長の横軸（水平性）と縦軸（垂直性）

横軸とは、他者とのつながり（関係性）、あるいは学校や企業など組織・集団、地域などのコミュニティーとのつながり。これは水平性の次元です。縦軸には、自己を深く見つめる「深みの次元」と、自身の人格を高めていく「高みの次元」があります。これは垂直性の次元です。

横軸の他者との関係づくりのためのトレーニング法の一つに、ソーシャルスキルトレーニングがあります。これは、文字どおり社会的なスキル（技能）を身につけるための訓練です。

いっぽう、組織や集団とのかかわり方で、いま脚光を浴びているのがアドラー心理学です。アドラー心理学の「共同体感覚」という概念は、人間は自分が属している集団や組織の中で役に立っているという実感をもてないと、幸福になれず、成長もできないことを示しています。

垂直性の次元において、より深く自分を見つめていくために有効なのが、ロジャーズのカウンセリングやジェンドリンのフォーカシング、あるいは精神分析、ユング心理学といったカウンセリング心理学の王道です。

この深みの領域は、小手先のテクニックでは到底到達することはできないものです。常に「自分の内側」に意識を向けて「自分の内側」にふれながら、ふれながらして生きること。自分の生き方やあり方全体を変えていく訓練が必要になります。

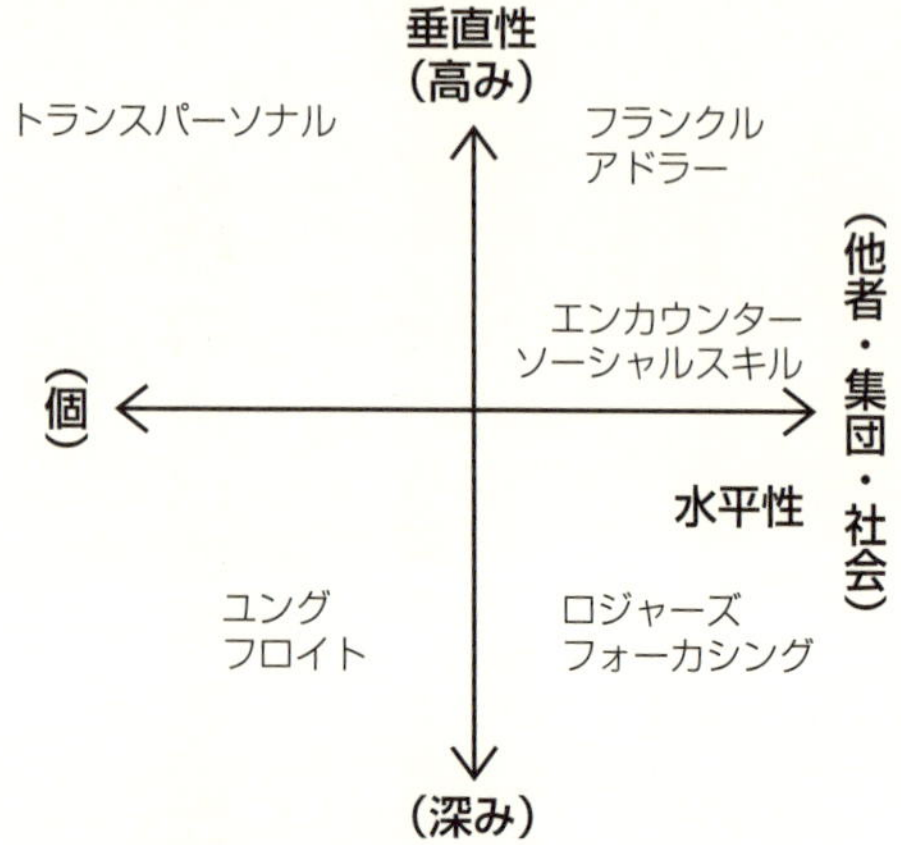

図１　自己成長（人格形成）における２つの次元と心理学の位置づけ

垂直性次元の「高み」の領域において自己成長を促すのに有効なのは、トランスパーソナル心理学やフランクル心理学、アドラー心理学です。トランスパーソナルのトランスは「超える」、パーソナルは「個」という意味です。つまり、自らを超えて、より高みをめざしていく心理学。自己成長の心理学の典型といえるでしょう。

◆「教育カウンセリング」は、教師にとっての「心の人間道場」

カウンセリングというと、心の病の治療や問題の解決をイメージする方がいると思います。しかし教育カウンセリングでは、成長の支援・促進に焦点をおきます。

教育カウンセリングで学ぶのはスキルにとどまりません。真剣に自分を見つめる。お互いに深いところでつながり合い、深く語り合う――教員研修にはさまざまな領域がありますが、これに取り組むのは教育カウンセリングの分野だけです。

本格的に自己成長に取り組むために有効なものとして、構成的グループエンカウンターの合宿研修や、私が講師を務める「気づきと学びの心理学研究会〈アウェアネス〉」のワークショップなどがあります。アウェアネスでは、人間性心理学やトランスパーソナル心理学をはじめ、さまざまな技法を用いて、自分を深く見つめ、深いところでつながり合い、深く語り合い、気づきと学びを得ていきます（八九ページ参照）。

◆カウンセリングの本質とは――「人間変革」を通しての「社会変革」「世界変革」「学校教育の変革」

ここで、日本のカウンセリングの歴史をひもといてみましょう。

実は昭和三十年代にロジャーズのカウンセリングが日本に導入された当初から、カウンセリングは治療や問題解決志向ではなく、人間の成長を志向するものだったのです。

茨城県の大甕（おおみか）に、日本各地から何百人もの教育者が集まり、合宿形式で、真剣に自分の生き方を問い語り合いました。これが日本初のカウンセリング学習会だったのです。

当時のカウンセリング界のカリスマだった友田不二男先生（一九一七〜二〇〇五）は「カウンセリングとは、人間の成長を促すものだ」と明確に位置づけ、人間道場のようなカウンセリング講座を長年続けてこられました。

このように、日本のカウンセリングは、黎明期から人間の自己成長を支えるものだったのです。深く自分を見つめ、真剣に自分を語り合うこと。これが、昭和三十年代から現在にいたるまで、まったく変わらないカウンセリングの本質です。

さらにいえば、友田不二男が広めたカウンセリングも、本家のロジャーズと同様に「人間の変革」を志向するとともに、人間の変革を通して「社会の変革」「世界の変革」をめざすものでした。これは、現在の教育カウンセリングも同じだと思います。教育カウンセリングを含め、カウンセリングというものは本質的に「人間の変革」を通して「社会の変革」や「世界の変革」を、またその一貫として「学校教育のあり方そのものの変革」を志向するものなのです。

◆カウンセリング学習がテクニックにとどまってはもったいない！

しかしいつの間にか、カウンセリングの世界ではテクニックがクローズアップされ、主流になってきました。誤解がないようにいっておきますが、テクニックも重要です。ソーシャルスキルやアサーションが身についていない教師が、子どもたちにそれを教えることはできません。けれどそこにとどまって、カウンセリングのほんとうの魅力に気づかないまま終わってしまうのは、あまりにももったいない話です。

3　「人生の午後」こそカウンセリングを学ぶチャンス

◆三十五～四十五歳が「人生の正午」――中年期の危機

「人生には午前と午後がある」――このことを最初に言ったのは、心理学者のユングです。人間の一生は（個人差はありますが）三十五～四十五歳くらいで「人生の正午」にさしかかります。このあたりを転換点に「人生の午後」を後半生として生きるようになるのです。

ユングのクライアントには、経済的にも豊かで社会的にもある程度の地位を収めた人が多く、そのほとんどが中高年でした。一見すると成功している人たちが、人生の正午になるとむなしさを感じてユングのもとを訪れていたわけです。

三十五歳までは人生の午前中。太陽が昇っていく時間帯には、外に目を向けてエネルギーを放出し、何かを達成するためにアクティブにがんばり続けます。

この時期の課題は、仕事ができるようになる、家庭をつくる、子どもを育てる、マイホームをつくる、といったことです。人生の午前中は、気合とパワーだけでどうにかなるものです。失敗しても「若気のいたり」でやり過ごすことができます。

けれど多くの人は、四十代半ばあたりで「もう気合とパワーだけではどうにもならない」と実感するようになります。そしてふと自分の内側をみたとき、こう思います。

「私はこれまでの人生、がんばってきた。結婚して子どもも無事に育った。社会での実績はつくったし、貯金もある程度はある。けれど、何かむなしい」と。

このように、多くの人は人生の午後に入ると自分の人生にむなしさを感じ始め、生き方の転換を迫られます。

◆人生にむなしさを感じたときが、カウンセリング学習を始めるチャンス

しかし、むなしさを感じたそのときこそが、カウンセリング学習を始めるチャンスです。単に子どもたちの役に立つというだけではなく、自分自身の人生を豊かにするためにカウンセリング学習を始める絶好の機会なのです。自分を見つめる体験学習（ワークショップ）に参加して、そこでお互いに真剣な志をもった仲間と自分を見つめ合い、語り合うことが、「人生の午後」にこそ必要になるのです。

人生の午前は仕事や家庭において外的な達成をしていけばそれでよかったのですが、人生の午後には内面的な作業が必要になります。

自分の人生の意味とは何か。私は何のためにこの世に生まれてきたのか。これからどうすればよいのか……内面に向けて問うていく作業です。人生の午前よりも午後のほうが、はるかに生きるのがむずかしい。だからこそカウンセリング学習が何よりもまず、自分のために必要になるのです。

◆カウンセリングの学習は、三十代半ば～五十代で始めるのがよい

私は、一九九七年に在外研究員としてイギリスとアメリカに一年間留学していました。イギ

リスではロジャーズ派の拠点であるイースト・アングリア大学に、アメリカではトランスパーソナル心理学研究所（現ソフィア・ユニバーシティー）に在籍していました。

いずれも、大学院生の平均年齢は四十代半ばでした。最低入学可能年齢が二十八歳で、四十代がいちばん多く、五十代～七十代の方もいました。

週三回、各二～三時間、ベーシックエンカウンターグループを全教員と学生で行っていました。真剣に自分を見つめ、お互いにぶつかり合う、いわば人間道場のような場でした。傷ついてやめていく人や「私はこの場にそぐわない。人間として薄っぺらだった」と言ってやめていく人もいました。

イギリスの大学院は、卒業の可否は自己判定で決まっていました。自己判定の結果を指導教官と話し合って決めるのですが、「私はまだ未熟です」と、何人もの学生が卒業を見送りました。私はこれがカウンセリング学習の本道だと思います。

こうした経験から私は、カウンセリング学習を始めるのにいちばん適しているのは三十代半ばから五十代だと思うようになりました。

◆テーマがないと四十代以降の教師人生はつらくなる

私のもとを訪れた四十代前半のA先生が、こんなことを言っていました。

「私は二十年間、小学校の教師をやってきました。自分なりにがんばってきたつもりです。でも、最近思うのです。後はただ毎日同じことの繰り返しが延々と続いていくだけ……。このまま教師を続けていってていいんでしょうか。このまま続けていくのは、何だかむなしい気がするのです」

A先生も毎日一生懸命に仕事をこなしてきました。ただし、教師としてのテーマが見つかっていなかったのです。

テーマがないと四十代以降の教師人生はつらくなります。

「これを子どもたちに伝えるために、私は教師になったのだ」

「こういう子どもたちの支援をするために、私は教師になったのだ」

現役の間のみならず、退職後も継続して行えるライフワークとなりうる明確なテーマを見つけることができたなら最高です。

さて、いまのあなたには、教師としての明確なテーマがありますか。

4　教師は、ミッション、パッション、レスポンシビリティーをもて

◆世界からの問いに応えていくレスポンシビリティー

いま世界には、環境問題をはじめとして、多くの問題が山積し、人類社会そのものの持続可能性が問われています。無数の「答えなき問い」が存在しています。

一人の人間としてどうやって持続可能な社会をつくっていくか。

地球の裏側で餓死している多くの子どもたちに、どうやってかかわっていくか。

格差の問題、子どもの貧困問題にどうかかわっていくか。

テレビニュースを観たり、新聞を読んだりしていて、日々の暮らしのなかでふと疑問を感じたときに、それを自分とは無関係なこととして退けるのではなくて、自分自身にとっての「のっぴきならない問い」として引き受け、問い続けること。

つまり、世界からの問いを真剣に受け止めて応えていくという応答性、レスポンシビリティーをもっていること。これが教師として何よりも大事です。

こういった姿を子どもたちに見せることで、一人の人間としてモデルになることができます。

「地球の歴史の中で自分の人生はほんの一コマ。けれど人類の大きな時間の流れの中に私は意味あるメンバーとして参画している」――こう思える人は幸せです（共同体感覚）。

まず教師自身が、そして教室にいる子どもたちが、世界が私たちに投げかけてきている無数の問いを、自分にとっての問いとして引き受け、問い続けていく。その積み重ねが、地域社会の変化に、日本の変化に、そして世界の変化につながっていきます。

column

非常に深刻な日本の子どもの貧困問題

日本の子どもの相対的貧困率は一六・三％（厚生労働省二〇一四）。約六人に一人の子どもが相対的貧困の状態にあります。

さらに、ユニセフ（国連児童基金）が欧州連合または経済協力開発機構に加盟する四十一カ国を対象に行った調査（※）によると、先進国四十一カ国のなかで日本は格差が大きいほうから八番目。アメリカよりも日本のほうが貧困の度合いが深刻であるという結果が出ています。

下層にいる子どもの世帯の所得は、中間層の世帯所得の四割しかないのです。

「日本はわりと公平な社会だから、子どもの貧困と言ってもひどくはないだろう」と思っていたら、とんでもない話です。このことは、すべての教師にとって由々しき問題です。

私が特に問題視しているのは、県立高校に一定の学力がないと入れないことです。貧困家庭で育ち、学力が低い子どもでも通えるようにすることこそ、公立学校の使命ではないでしょうか。学力の低い子どもたちが最後に行けるのはサポート校ですが、学費が非常に高いので行くことができません。ほとんどの子どもが高校に進学する時代に、彼らは中卒にならざるをえないのです。

これは子どもの責任ではありません。親が貧困であったがために人生を半ば放棄せざるをえないという日本の現状――この点で、日本はまだ発展途上国なのだと思います。

※二〇一六年四月発表『イノチェンティ レポートカード13子どもたちのための公平性：先進諸国における子どもたちの幸福度の格差に関する順位表』

◆定年後の幸福のためにも、情熱をもって取り組むべし

世界の問いへのレスポンシビリティー（応答性）からミッション（使命）が生まれてきます。そして、ミッションとともに教師に必要なのは、情熱をもって日々取り組み続けること。パッションです。

これは教師自身の定年後の人生にとっても大変重要なことです。現在、八十歳を過ぎても元気な方はたくさんいます。あなたも、定年後二十年たっても、まだまだ元気かもしれません。そのとき何もやることがなく、空虚な人生しか生きられないと、むなしい人生になってしまいます。元スポーツ選手が起こした不祥事などを見ていると、あれほど輝いていた人たちがくすんでしまって見えます。人生、暇ほど怖いものはないのです。

現在、教師として抱いている使命を、定年後も追求することができると最高です。一心に情熱を注ぎ、われを忘れ、時間がたつのも忘れ、報酬のことも忘れて、ひたすらそれに打ち込んでいける「何か」がある人は幸福です。

教師自身が「これのために本気で生きている」と思える「何か」をもっていること。それに大きな情熱を注いでいること。そして、教師が本気で生きている姿を子どもたちに見せること。ここに、本来の教育の姿があるのです。

5 「自己実現」より「世界実現」をめざす「魂のミッションの時代」へ

◆「脳がIT化された社会」の限界

私は、現在は社会の変化の過渡期であり、「脳がIT化された社会」から脱皮することを必要としているステージにあると考えています。

脳がIT化されている社会とは、IT（情報技術）の普及によって、仕事の効率がよくなり、スピードアップした時代のことです。効率化されたのですから、本来ならば私たちの業務は少なくなり、時間にゆとりがもてるようになって当然です。しかし実際はそうはならず、ますます忙しくなっています。

つまりいまは、私たちの脳の自然なスピードを無視してITのほうに人間の脳が合わせている状態。「脳をIT化させている状態」だと思うのです。

その結果「一億総うつ社会」といわれるように、不全感を抱えている人、イライラしている人が多くなり、俗にいう「キレる」人も増えてきました。

このイライラしたり、キレたりは、実は「うつ」の症状です。うつというと、落ち込んでいるイメージがありますが、いきなりキレるのもうつの症状の一つなのです。これは内面に自分の感情を保持できなくなってきていることの表れです。

例えば、やさしかった教師がいきなり子どもにキレることがあります。保護者から、「○○先生、最近様子がおかしいですよ」というクレームがあってはじめて、管理職が「あの先生はうつだったのか」と気づくこともあります。

脳がＩＴ化することを求められ、自然なスピードを無視されているがために、私たちは自分の感情を内面に保持できない不全感を感じずにはいられなくなっています。

◆本来の日本人は、幸福感にあふれたのんびりとした国民性

けれども、脳がＩＴ化された社会は、もう限界にきつつあります。多くの人が、すべてを投げ出したいと思い始め、「もう無理」という叫び声が上がってきています。

「日本人は勤勉な民族なので、ＩＴの誕生によって、ますます勤勉さに拍車がかかったのだ」と言う人がいます。しかし、もともとは日本人はあまり勤勉ではなかったことが、江戸時代末期から明治の初めに日本を訪れた外国人の言葉に示されています。

たとえばアメリカの初代総領事ハリスは次のように述べている。「彼らは皆よく肥え、身なりもよく、幸福そうである。一見したところ、富者も貧者もない。――これが恐らく人民の本当の幸福の姿というものだろう。私は時として、日本を開国して外国の影響を受けさせることが、果してこの人々の普遍的な幸福を増進する所以であるかどうか、疑わしくなる」と。

またイギリス人の詩人・ジャーナリスト、エドウィン・アーノルドは、日本の街の様子について、「これ以上幸せそうな人びとはどこを探しても見つからない。喋り笑いながら彼らは行く。人夫は担いだ荷のバランスをとりながら、鼻歌をうたいつつ進む。遠くでも近くでも、『おはよう』『おはようございます』とか、『さよなら、さよなら』というきれいな挨拶が空気をみたす」と述べている。

広井良典『人口減少社会という希望』朝日新聞出版、二〇一三

このように当時の外国人の目には、日本人はとても悠長で、脳天気な不精者に映っていたようです。江戸時代末期から明治の初めにかけて、日本を訪れた外国人がみな口をそろえて、「日本人ほど幸福に見える国民はいない」と言っているのです。これは、いまの日本人がブータン

について抱くイメージと似ています。

日本人は、本来のんびりとした国民で、もともと仕事好きで勤勉だったわけではないのです。人口の増加に伴って勤勉になってきたのです。

江戸末期や明治初めあたりから百数十年にわたり日本の人口は急増しています。江戸時代後半の人口は、約三千万～三千三百万人。現在のおよそ四分の一です。人口がそれぐらいだったときは、のんびりした生活だったのです。

◆いまは時代の転換期。精神革命が起こる!?

しかし、人口はこれから減っていきます。大きな日本の文化の転換点がまた来るのかもしれません。

人類の歴史には、大きな転換点がいくつかありました。

今から約２５００年前（紀元前５世紀前後）に、哲学者ヤスパースが「枢軸時代」、科学史家の伊東俊太郎が「精神革命」と呼んだ現象、つまり何らかの普遍的な原理を志向する思想が地球上の各地で〝同時多発的〟に生成するという現象が起こる。インドでの仏教、中国での儒教や老荘思想、ギリシャ哲学、中東での旧約思想だが、これらは共通して、人間にとっての内的あるいは根源的な価値や「幸福」の意味を説いた点に特徴がある。

『人口減少社会という希望』

つまり人類の根本的な変化は同時多発的かつ一気に起きるのです。そういったときがそろそろ来ているのではないかということです。そしてこの時代の大きな転換点には、みな「内面」に目を向けるようになるのです。

いまの日本はちょうどその大きな転換期にあります。人口は急増して、超スピード化社会になっていく。、人間の脳がIT化されてしまい、うつになっていく……。これは明らかに限界点に近づいています。間もなく大転換点が訪れ、人間の内面を重視する時代が再び到来すると思います。

◆「自己実現」よりも「世界実現」をめざす「魂のミッションの時代」へ

こうした時代の転換期にあって、日本人はどのように変わっていくのか。

一つは、自分に関心を寄せる人が少なくなって、自分以外の何かに関心を寄せる人が増えていくようになるでしょう。「自己実現よりも世界実現のほうが大事」——これは、広井氏の教え子さんが言った言葉ですが、最近の学生たちを見ていて、私も実感しています。例えば、いま欧米で問題になっている移民の問題に懸命に取り組んでいる学生など、社会や人類、世界のことに関心をもっている学生が多いのです。

「自分の幸福よりも世界の幸福のほうが大事。自分の幸福だけを考えていてもむなしくなる」と彼らは言います。

自分の人生に与えられた使命・課題にわれを忘れて取り組んでいるときにこそ、人間の心は真の幸福感で満たされていくのです。

人間の真の幸福に必要なもの。それは、私の言葉で言うと「魂のミッション」です。

自己を中心にした自己実現をめざす時代、自分の損得を絶えず考える時代はそろそろ終わりを迎えます。世界にとって大事なことは何か、自分がこの世界のためにできることは何かを考える時代へとシフトしつつあるのです。

◆ゆったりと生きる時代へ

二つめのポイントは、「人生のスピードがゆっくりになっていく」ということです。

ＩＴによって効率化されたうえさらに仕事を忙しくすれば、ブラック企業が象徴するような労働問題がおこり、うつの人が増えていく……。この愚かさに気づき始めている人は少なくないと思います。

人口減少に伴って、江戸時代ほどでなくても、ゆったりと生きる時代になっていくはずです。「生きる力」とは、英語が話せて、パソコンもこなせて、ということではありません。単なる知識を超えた人間力というのは、真に自分らしく生きることができ、深いところで人と心を通い合わせながら生きることができる力——これがほんとうの意味での生きる力です。

教師の研修にはいろいろありますが、こういったほんとうの意味で人間力を養うことができるのは、教育カウンセリングの研修だけです。こうした時代に、私は教育カウンセリングの学習が非常に重要になってくると思うのです。

第2章

自己成長を促す心理学の礎

——マズロー、アドラー、フランクル

1　マズロー――人間性心理学と自己成長

◆心理学三つの潮流

カウンセリング心理学には三つの潮流があります。

第一の心理学は、精神分析です。過去を見つめて、心の傷やトラウマから自分を解放することをねらうのが精神分析です。

第二の心理学は、認知行動療法です。ものの見方（認知）の偏りを修正する認知療法と、行動を修正する行動療法を統合した療法です。平たく言うと、できなかったこと（例：大勢の人の前で話す）ができるようになることを目的にした療法です。

それに対して、「これだけではたりない」とアブラハム・マズロー（一九〇八～一九七〇）がつくったのが、第三の心理学である人間性心理学です。これが自己成長に最も正面から取り組んだ心理学です。人間性心理学には、カール・ロジャーズ（一九〇二～一九八七）の来談者中心療法、ユージン・ジェンドリン（一九二六～）のフォーカシング、ヴィクトール・エミール

・フランクル（一九〇五～一九九七）のロゴセラピー、構成的グループエンカウンターのベースになったゲシュタルト療法（パールズ夫妻らが創始）などが入ります。

この人間性心理学を補完する役割を果たすのが、自己を超えて高みをめざしていくトランスパーソナル心理学です。ケン・ウィルバー（一九四九～）のインテグラル心理学、アーノルド・ミンデル（一九四〇～）のプロセス指向心理学などがこの流れの代表的な存在です。

人間性心理学をつくったマズローが、晩年にトランスパーソナル心理学を創設しました。

◆第三の心理学――マズロー「人間性心理学」の誕生

マズローが人間性心理学を創始するにいたったのには、二人の師匠の存在が大きいです。一人はゲシュタルト心理学の代表的存在であるヴェルトハイマー（一八八〇～一九四三）。もう一人は文化人類学者で、『菊と刀』の著者でもあるルース・ベネディクト（一八八七～一九四八）。私たち教育カウンセリングを学ぶ者にとっての國分康孝先生のような存在と言っていいでしょう。

この二人の存在が、人間性心理学の誕生に大きくかかわっています。

マズローは心酔する二人の師匠について「専門分野も性格も異なるけれど、あの人格のすばらしさはどこからきているのか、二人に共通するものが何かあるに違いない」と個人的に研究を始めました。二人について具体的な情報を集め、過去のトラウマや成育史をひもといたり、実際に二人の元を訪ねて観察し、メモをとり続けました。

その結果、二人のすばらしさを解明するには、既存の心理学では不十分であることがわかりました。人間のすばらしさ、崇高さ、魅力、自己成長を正面から扱う心理学が必要ではないか――そう考えたマズローによってつくり出されたのが人間性心理学です。

◆最高の人格者たちの共通の特徴とは

マズローが最初にしたことは、二人の師匠と同様の特徴をもつ人たちを探すことでした。

そこで対象になったのが、アブラハム・リンカーン、トーマス・ジェファーソン、エリノア・ルーズベルト、ジェーン・アダムズ、ウィリアム・ジェームズ、バールーフ・スピノザ、ジョン・キーツ、マルティン・ブーバー、ゲーテ――そうそうたるメンバーでした。当時、存命していた人には面接を行い、自由連想や投影法による心理検査などを行いました。すでに亡くなっていた人については、伝記や自叙伝を読んで分析をするなどして、研究を重ねました。

その結果、最高の人格をもつ人たちに共通する特徴として次のような項目が抽出されました。

1　現実をあるがままに認識できる。
2　自己や他者、自然をあるがままに受容することができる。
3　自発性、自然な心の動きに従って生きている。
4　自分にはあまり関心がない。
5　孤独とプライバシーを好む。
6　自分が属している文化や集団から独立し自立している。
7　日々生き生きと生きている。
8　神秘体験や至高体験をしばしば体験している。
9　他者との深い結びつきをもっている。
10　深い本質的な人とのつながりをもっている。
11　民主的な人格構造をもっている。
12　手段のために目的を犠牲にしてしまうことがない。
13　適度なユーモアを使う。
14　創造性がある。
15　自分が属している特定の文化を超越している。

A・H・マズロー著、小口忠彦訳『人間性の心理学』産業能率大学出版部、一九八七

「4」の自分自身にはあまり関心がない、ということは、自分中心ではなく、テーマ中心、課題中心、使命中心の生き方をしているということです。「8」の至高体験とは、このうえなくすばらしい体験のことです。例えば、音楽を聴いて打ち震えるような感動を得る。子どもを産んだ瞬間にこのうえない幸福感に包まれる……これらが至高体験です。

さらにマズローは晩年の著作『人間性の最高価値』（上田吉一訳、誠信書房、一九七三）において、自己実現する人々には、およそ次のような特徴があると記しています。

1 正義をもたらすことを喜ぶ。
2 名声や栄誉を求めない。
3 だれからも愛されることを必要としない。
4 現実離れしていない。現実的な成功を求める。
5 世界をあるがままで愛し、その改善に努める。
6 人間も自然も社会も改良できるものだと信じている。

7　子どもが好きである。子どもの成長に喜んで協力する。
8　自分が幸運であることを自覚している。自分の幸運に感謝の念をいだいている。
9　神秘的な未解決の問題や未知のものへの挑戦に魅力を感じている。
10　すべての人が自己の可能性を最高に伸ばす機会をもつべきだと感じている。
11　若者の自己実現に喜んで力を貸す。

みなさんは、どれが当てはまったでしょうか。

◆一人で自分を見つめる時間をもつ

「最高の人間」といわれる人たちに共通する特徴のなかで、とりわけ際立っているものは二つです。

一つは「孤独の時間を愛している」ということ。いつもだれかと一緒にいるのではなく、一人になり、沈思黙考し、深く自分を見つめる時間を大切にしているのです。

私は最近、「孤独」という言葉の代わりに、実存思想の創始者キルケゴールが使った「単独」という言葉を好んで使っています。「単独者」として生きるために、深く自分を見つめる時間をもっていること。これが大きな特徴です。

「深い一人の時間」をもっているのです。

教師には、「いつも周りに人がいて、ワイワイやっているのが好き」という方が多いものです。しかしこれだけですと、中身が空っぽの人間になってしまいます。

自分の内面を見つめるために、「一人の時間」を週に一回三十分でもいいのでもっていただきたいのです。例えば、週末に三十分、少しの間でも家族とのつながりを絶って、近くのカフェでお茶を飲みながら、「いまの自分は……」と内側に目を向けて、気づいたことをメモする——そういう時間を大切にしていただきたいのです。

◆われを忘れて没頭するテーマをもとう

最高の人間の特徴の二つめは、「われを忘れて何かに没頭している」ことです。最高の人間たちは、われを忘れて自分の人生のテーマに取り組んでいます。

自己実現しつつある人びとは、ひとりの例外もなく、体外にある目標、すなわち自分自身の外にある何かに従事している。彼らは、何ごとか——（中略）お召しあるいは天職といわれるもの――に専念している。彼らは、運命がいろいろと呼びかけるところにしたがって働き、働くものが愛するものになるので、彼らにおいては労働と喜びの二分法は消滅する。ある人は、生涯を法律に捧げ、またある人は、正義に捧げ、さらにまたある人は、美や真理に捧げている。

『人間性の最高価値』

◆マズローの説く高次動機（成長動機）と低次動機（欠乏動機）とは

マズローは、人間には以下のような基本的な欲求があるとしました。

①生理的欲求（食べたい、眠りたいなど、基本的・本能的な欲求）
②安全の欲求（危険を回避したい、安心して生きていきたい、という欲求）
③所属の欲求（ある集団に所属したい、という欲求）
④他者による承認や愛への欲求（ほかの人から認められたい、愛されたい、という欲求）
⑤自己承認の欲求（自分で自分のことを認められるようになりたい、という欲求）
⑥自己実現の欲求（自らの可能性を実現して生きたい、という欲求）
⑦自己超越の欲求（人間を超えた大いなるものとつながりたい、という欲求）

これらの欲求は、階層構造を成しています。生理的欲求が満たされて、人間ははじめてそこから解放され、安全欲求を求めるようになる……というように、一つ一つ階段を上るようにして、より高次の階層の欲求を欲するようになるとマズローは考えました。

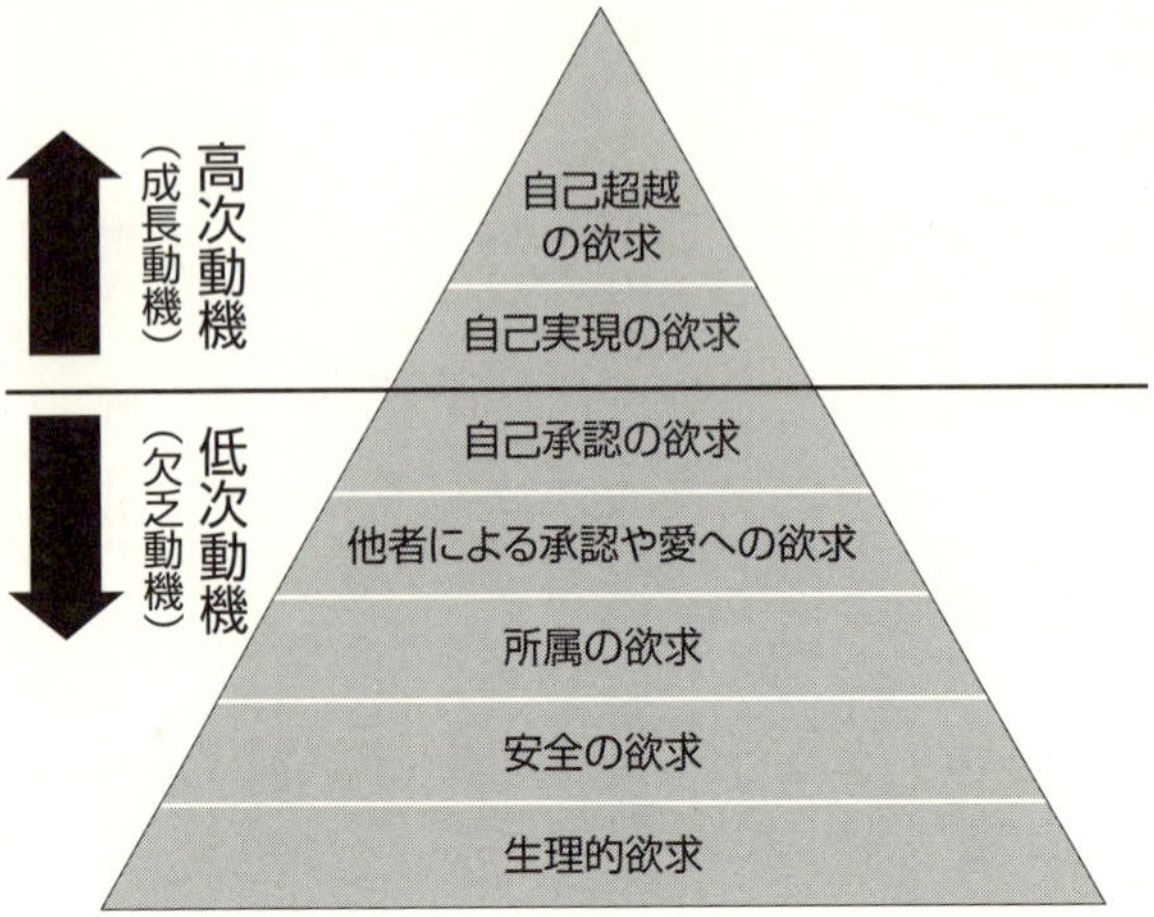

図2　マズローの高次動機と低次動機

マズローが最も強調しているのは、人間は、「高次動機＝成長動機」に動機づけられている人間と、「低次動機＝欠乏動機」に動機づけられている人間の二種類に分けられるとした点です。低次動機には、前出の①～⑤の欲求、すべてが含まれます。

これらが欠乏欲求と言われるゆえんは、例えば、おなかがすいている欠乏状態のときに、その欠乏を埋め合わせるために食事を欲するようになるからです。同様に、自尊心をもてずに欠乏感を抱いている人も、それを埋め合わせるために世間の評価を得ようとしたり、他人を攻撃して優位に立とうとするのです。

低次動機に動機づけられた多くの人たちにとって幸せに感じるときとは、欠乏が満たされたときです。例えば、いままで他人から評価されなかった仕事が、ようやく評価されるようになったとき（＝欠乏していた承認欲求の満足）など、そこで手に入る幸せの多くは他者からの評価や承認、地位・名声の獲得に左右されるものです。

これに対して、自己実現・自己超越といった高次動機に動機づけられている人間は、あらゆる欠乏動機から解放されているので、欠乏感を埋め合わせる必要はありません。緊張を解消しようとするのではなく、逆に新しい挑戦を通じて緊張を得ようとします。

この人たちのめざすところは、経験を豊かにし、生きる喜びや打ち震えるような感動（至高体験）をすること。より完全な人間へと成長していくことです。そのこと自体に幸福を感じるようになるのです。

◆高次病――むなしさは、心の壁を超えて成長するチャンス

では、いったん高次動機に動機づけられた人間は常に幸福かといえば、けっしてそんなことはないとマズローは言います。

たとえば、あなたがより完全な人間になろうと邁進していたり、毎日が幸福に包まれているとしても、いずれその成長や幸福には停滞のときがやってきます。いままでは新鮮だったことが、陳腐なものにしか見えなくなります。意味不明の空虚感（むなしさ）に襲われたり、不安や焦りを感じることもあるでしょう。

しかし、このむなしさや不安感・焦燥感は、低次動機に動機づけられた人間が感じるそれとは、見かけは似ていてもまったく質の異なるものです。

それはむしろ、高次動機に動機づけられた人間が、心の壁を超えてさらなる成長へさらなる幸福へと向かっていくように促してくれるものです。したがってその苦しみは「高次病」と呼ばれるべきだとマズローは言うのです。それは、さらなる成長へと向かうチャンスなのです。

２　アドラー——共同体感覚と自己選択

◆教師という仕事は「魂の生活と一致した仕事」として選ぶべし

オーストリア出身の精神科医、アルフレッド・アドラーは「個人心理学」という新しい理論を構築し、人間が幸福になるうえで必要なことを、きわめてシンプルに語ってくれました。アドラー心理学では、人生の課題は、仕事、友情、異性への愛と結婚の三つだといいます。アドラー同様、人生における仕事の重要性を指摘しているのが、大正期を代表する思想家、阿部次郎（一八八三〜一九五九）です。阿部の作品『三太郎の日記』の中に、こんな名言が書かれています。

生きるための職業は魂の生活と一致するものを選ぶことを第一とする。しからざれば全然魂と関係のないことを選んで、職業の量を極小に制限することが賢い方法である。魂を弄び、魂を汚し、魂を売り、魂を堕落させる職業は最も恐ろしい。

ここで阿部が言っているのは、幸せになる道は二つあるということ。一つは、全身全霊をささげるに値する仕事に就くこと。そうでなければ、仕事はあくまで収入のためと考え、短時間に抑えて、残りの時間は趣味に没頭して人生を充実させること。この二つです。

教師の仕事は明らかに前者向きです。後者では務まりません。

あくまで収入のために教師を選んだ人は、職業選択を間違えていると思います。その理由は二つあります。

一つめは、仕事の量・質ともに、教師は非常に大変な仕事だからです。「公務員で安定しているから」といった理由で選べる仕事では、とてもありません。二つめは、教える子どもたちに害悪だからです。教師は子どものモデルになるべき存在です。手抜きをして魂のこもらない仕事をしている姿を教え子に見せるのは、人生のモデルとして害悪以外の何ものでもありません。

教師として生きるのであれば、「魂の生活と一致した仕事」として選ぶべきなのです。

◆「共同体感覚」――「私はこの学校（学級）に必要な存在だ」

アドラー心理学が私たちに教えてくれることは、おもに二つあります。
一つめは「共同体感覚」です。これは「私は、この集団・組織にとって意味がある存在だ」

と思えること。さらに広い視点からいうと、「自分は人類の大きな時間の流れの中に、意味のあるメンバーとして参画している」と思えることです。

この感覚をもつことができれば、深く満たされた生き方ができるというのです。

「私はこの学校で不可欠なメンバーとして活動している」と感じられていれば、教師という仕事にやりがいをもつことができるでしょう。逆に「私などいてもいなくても同じ」という感覚しか抱けないのであれば、共同体感覚は満たされず、むなしく感じてしまうのです。

アドラーの共同体感覚は、学級経営にとってもきわめて大きなことを教えてくれます。

「一人一人の子どもにとって幸福な学級」とは、「一人一人の子どもが共同体感覚を感じることができる学級」です。「私はこのクラスの役に立っている。なくてはならないメンバーだ」――全員がこの感覚を抱くことができるとき、ほんとうにいい学級ができるのです。

例えば、係活動を工夫したり、行事で出番を与えるなどして、「自分はこのクラスで役に立っている」という感覚を得られるようにすることが大切です。

◆「自己選択」――自分の人生はすべて自分で選んでいる

アドラー心理学が教えてくれることの二番目は「自己選択」です。「自分の人生はすべて自分で選んでいる、たとえ愚かな選択であっても、すべての選択には目的がある」というのがアドラーの理論です。この考えは、子ども理解に大変役立ちます。

例えば、不登校の子どもを見ていると、「家にいてもつまらなそうで、学校に来たときのほうがはるかに楽しそうなのに、なぜこの子は学校へ来ないのだろう」と思うときがあります。

非行を繰り返す子ども、引きこもりの若者……いまのままなら、幸せになれないことがわかり切っている人生をなぜ歩み続けているのか、不思議に思うことがあります。こういう子は、いったん幸せになろうとし始めてあとに戻れなくなるのが怖いので、だめな自分、不幸なままの自分でいることを選択しているのです。いったん表舞台に上がってしまえば、一生ずっとがんばり続けなくてはいけなくなります。競争せずにすむ自分、努力せずにすむ自分、これまでのだめな自分のままでいたほうが楽だし居心地がいいのでそれを選んでいるのです。

「人間は無自覚のうちに、自分で選んだ目的に支配され始める」という心の法則を見抜いたのがアドラーでした。「私は不幸なままでいい」「私は変われないし、変わらない」という目的を選んだ人間は、自分で選んだ目的に支配されはじめる――アドラー心理学は、なぜ人は変われないのか、なぜ人間は不幸であり続けるのか、という理由を示してくれます。

それは、「あなた自身が、変わらないことを選んでいるから」なのです。

3　フランクル――生きる意味の心理学

◆フランクルのロゴセラピー――生きる意味を見つけるための心理学

アドラー心理学をさらに先鋭化させたのが、名著『夜と霧』の著者として有名なフランクル心理学です。

実は、フランクルはアドラーの弟子であり、大学生にしてアドラーの個人心理学協会の若きエースだったのです。しかし、フランクルが慕っていた兄弟弟子がアドラーに反旗を翻して離脱してしまいました。それがきっかけとなり、フランクルとアドラーの溝は深くなります。

アドラーに破門されたフランクルは、実存分析もしくはロゴセラピーといわれる独自の心理療法、生きる意味を見つけるための心理療法を構築していきます。特に一九四〇年代のフランクルの文献を読むと、「生きる意味」と「使命」という言葉がほぼ同義で使われています。

「自分が生まれてきた意味とは、自分の人生の使命を見つけて、それに全力で取り組むことにある」――このことを説いたのが、フランクルの心理学なのです。

いっぽうアドラーは、晩年になるにつれてフランクルの考えに近づいていきました。その結果、アドラーの生涯を代表する著作のタイトルは『人生の意味の心理学（*What Life Should Mean to You*）』なのです。

アドラーとフランクルに共通するのは、「自分の内側だけを見つめるのではなく、自分の人生の課題に目を向けよ。私はこれを果たすために生まれてきたのだ。命をささげても惜しくはない。そうと思えるような何かに出会い、全力で生きよ」と説くことです。

アドラーとフランクルの考えは、ほぼ一致しているのです。

◆マズローの欲求の階層説の間違いを指摘したフランクル

次に、フランクルとマズローの関係をみてみましょう。

二人はアメリカの人間性心理学会の学会誌で対決したことがあります。

欲求の階層説においてマズローは、「より低い欲求が満たされてはじめて人間はそこから解放され、より高い欲求に動機づけられる」と唱えていたのですが、これに異を唱えたのがフランクルでした。

フランクルは、第二次世界大戦下、ナチ収容所での自らの体験を例にあげて、マズローにこのように言ったのです。

「収容所の中では生理的欲求（睡眠欲求、食欲）も満たせません。いつ殺されるかわからない極限状況にあり、安全の欲求も満たすことはできません。そのような状況下でも、自己実現や自己超越をしている人はいました」

「収容所の中で人間は、悪魔と天使の二つに分かれていた」とフランクルは言います。一方の人間は、自分が餓死しそうになったとき他人の食料を奪ってでも生き延びようとし、もう一方は、自分が餓死しそうなときにも、ほかの捕虜のために自分の食糧をプレゼントしていたのです。

生理的欲求や安全欲求が満たされなくても、自己超越した高次の動機で生きている人間はいた――自らの経験をもって、フランクルはマズローの理論の間違いを指摘したのです。

マズローは、すぐにフランクルに同意しました。

4　マズロー、アドラー、フランクルに共通したセオリーとは

◆「自分を超えた何か」にわれを忘れて取り組む

マズロー、アドラー、フランクル――人間の成長や最高の人格について議論を重ねた偉大な心理学者三人に共通するセオリーの特徴は二つあります。

一つは、アドラーの「共同体感覚」、マズローの「自己実現・自己超越」、フランクルの「生きる意味」や「使命」という言葉で表現される共通のセオリー。それは、「自分のことには関心がなく、自分のテーマ、あるいは自分を超えた何かに、われを忘れて取り組んでいる人だけがほんものの幸福を手にすることができるし、人間的にも成長できる」ということです。

例えば、「このままでは人類は消滅する」と危機感を抱き、自然環境の問題にわれを忘れて取り組む。あるいは、「日本の格差社会によって、教育の機会の平等性が失われている。これをどうにかしなければ」と思い、われを忘れて取り組む。こういう人が真の幸福を経験しているのです。

こうした問題について、道徳、総合、社会などの授業で取り上げ真剣に話し合わせると、生涯のテーマにつながる「心の種」を子どもたちの心の中に育むことができるでしょう。

◆すべては選択にかかっている

マズロー、アドラー、フランクル三者に共通したセオリーのもう一つは、「すべては選択にかかっている」ということです。

私の恩師、國分康孝先生がよくおっしゃっている言葉に「Being is choosing」があります。

私たち人間は、絶えず自己選択しているのです。

不幸なままでいるか、幸福になるか。

堕落したままでいるか、成長する自分になるか。

私たちはそれをいま、自分で選んでいるのです。

第3章

教師の自己成長と教育カウンセリング

1　カウンセリングを学ぶと人生が変わる！

◆カウンセリングを学ぶと、人生が大きく変わり始める

カウンセリングを学ぶことによってまず最初に起こる表面的な変化は、相手の気持ちに寄り添いながら話をていねいに聴けるようになること。「傾聴」ができるようになることです。するとと、周りの人は、「あの先生、前はお説教が多かったのに、私の話を親身に聴いてくれるようになった」とその変化を感じるようになるでしょう。

しかし「カウンセリングを学ぶと人生が変わる」という意味合いは、もっと深いものです。

カウンセリング学習の大きな柱の一つは「自己を深く見つめること」です。自分の内側へと深く入っていき、心のメッセージをていねいに聴いていく――この取り組みを続けていくと人生が大きく変わっていきます。

心の深いところから、自分らしい生き方ができるようになっていくのです。

さらに、「深く自分を見つめようとしている人間」同士が集まり、互いに深く交流し合うこと

で、カウンセリング学習が深まっていくにつれて人生が変わっていきます。

「そうだ。私はこれをするために教師になったのだ。なんとしてもやり抜かなければ」――こうして、深く自分を見つめ、深く交流し合うなかで、あなたが「ほんとうの自分」を見つけたとき、もう怖いものはありません。管理職の評価など気になりません。同僚に足を引っ張られてもへっちゃらです。保護者にバッシングを受けても耐えていけます。

人間として教師として成長したあなたは、もう周囲の評価に流されることなどないのです。

◆カウンセリング学習で最も重要な三つのポイント

単に上っ面の技法にとどまらない、本格的なカウンセリング学習に取り組みたいならば、そして人間としての器を広げたいならば、やっていただきたいことが三つあります。

1　本気で人生を生きること

2　深く自分を見つめること

3　深く交流し合うこと

本気で生きて、真剣に自分を見つめ、人間としての中身をつくっていった人でないと、ほかの人と深い心の交流を行うことはできません。妥協の連続で適当に生きてきて、真剣に自分を見つめたこともない浅い人間同士が、エンカウンターやワークショップに集まったところで浅い話にしかなりません。「本気で人生を生きる」――これはカウンセリング学習の最も重要な基本なのです。

◆カウンセリング技法と同時に、背景にある哲学を学ぶ

不登校やいじめなどの問題の解決・予防のためにカウンセリングを学ぶ方も多いと思います。最近少し気になるのは、カウンセリングが技術的にとらえられる傾向が強いことです。

もちろん技術としてのカウンセリングも大変有益です。

私も『教師が使えるカウンセリングテクニック80』(図書文化)を出しています。これは現場の先生がすぐに使え役立つことを念頭においた本です。しかし、それぞれのテクニックのうちに、そのカウンセリングのアプローチの哲学が反映されています。カウンセリングの技法を学ぶことによって、背景にある哲学を学ぶことができるという仕組みになっているのです。入り口は技法でも理論でも、それほど関係はありません。

大切なのは、表面上のテクニックにとどまらず、背景にある哲学を学んで、自分自身の哲学にしていくことです。

◆カウンセリングの学び方――自分を深く見つめ、互いに交流し合う

カウンセリング学習の核になるのは、エンカウンターやワークショップなどで、自分を深く見つめて、仲間で深く交流し合う体験を積んでいくことです。

認知行動療法の限界は、カウンセラートレーニングの一環に、「自己を深く見つめる」体験が入っていないことにあると私は思います。

前述のとおり、カウンセリングには三つの学派があります。

精神分析を中心とした精神力動論、認知行動論、そしてロジャーズやフランクル、トランスパーソナル心理学などの自己成長論です。このなかで自己成長論の立場では、カウンセラーになる者自身が自己を深く見つめること、深く交流し合うことが何よりも大事なトレーニングとされています。そこに最も多くの時間とエネルギーをさきます。

◆カウンセリング学習の本道は「自分らしいカウンセラーになること」

ある認知行動療法のカウンセラーがこう言いました。

「カウンセリング学習では、トレーニングをして技法を使えるようになればよいのです。自分を見つめる必要はありません。ファストフードのチェーン店では同じ商品が日本中どの店で

も出てくるのと同様に、カウンセリングの分野でも、だれでも同じサービスを提供できるようになることが理想なのです」

私はこれには断固として反対です。少なくとも私自身は、ファストフードの店員のようなカウンセラーにはなりたくありません。寿司店にたとえていうとチェーン店の店員になるために、私はこれまで必死で勉強してきたわけではありません。

本物の寿司職人は、「この人にしか握れない寿司」を握ることをめざしています。同様に、私は「私にしかできないカウンセリング」ができるようになりたい。これがカウンセリングの本道だと思うのです。

ロジャーズいわく、「ロジャーズのようになるのではなく、自分らしいカウンセラーになること。それがカウンセラーのめざすべき道なのです」——まったくの同感です。そのためには、人間道場のような、自分を深く見つめて深く交流し合う、そういう学習の機会が必要になるのです。

2　教育カウンセリングとは

「教育カウンセリングとは何か」を理解するとき、重要なのは、それが一般に「カウンセリング」という名前で理解されがちな狭義のカウンセリングではなく、それを「含んで超えた」広義のカウンセリングであることを明確にしておくことです。

◆狭義のカウンセリングとは

私の考える狭義のカウンセリングの定義はこうです。

「①人生の問題を抱えた相談者（クライアント）が、その問題に取り組むことを通して、②自らの内なる声に耳を傾け、多くの気づきと学びを得て、人間としての成長（自己成長）をとげていくプロセスを、③専門的な学習と訓練を経たカウンセラーが、④一定の時間（面接時間）と空間（カウンセリングルーム）という守られた枠の中で支えていく、⑤援助的な人間関係」

カウンセリングは、単に症状を緩和したり、問題を解決したりするにとどまるものではなく、「悩み苦しみを通しての自己成長の援助学」なのです。

◆教育カウンセリング＝広義のカウンセリングとは

いっぽう、教育カウンセリングは、この狭義のカウンセリングを「含んで超えた」もの。次の三つを内に含むものです。

①成長支援のカウンセリング——真の成長と幸福を得られるように支援する

②予防的カウンセリング——問題が生まれる前にそれを防ぐ

③解決・治療的カウンセリング（狭義のカウンセリング）——悩む人、問題を抱えた人を援助する

○成長支援のカウンセリング

成長支援のカウンセリングには、個を対象

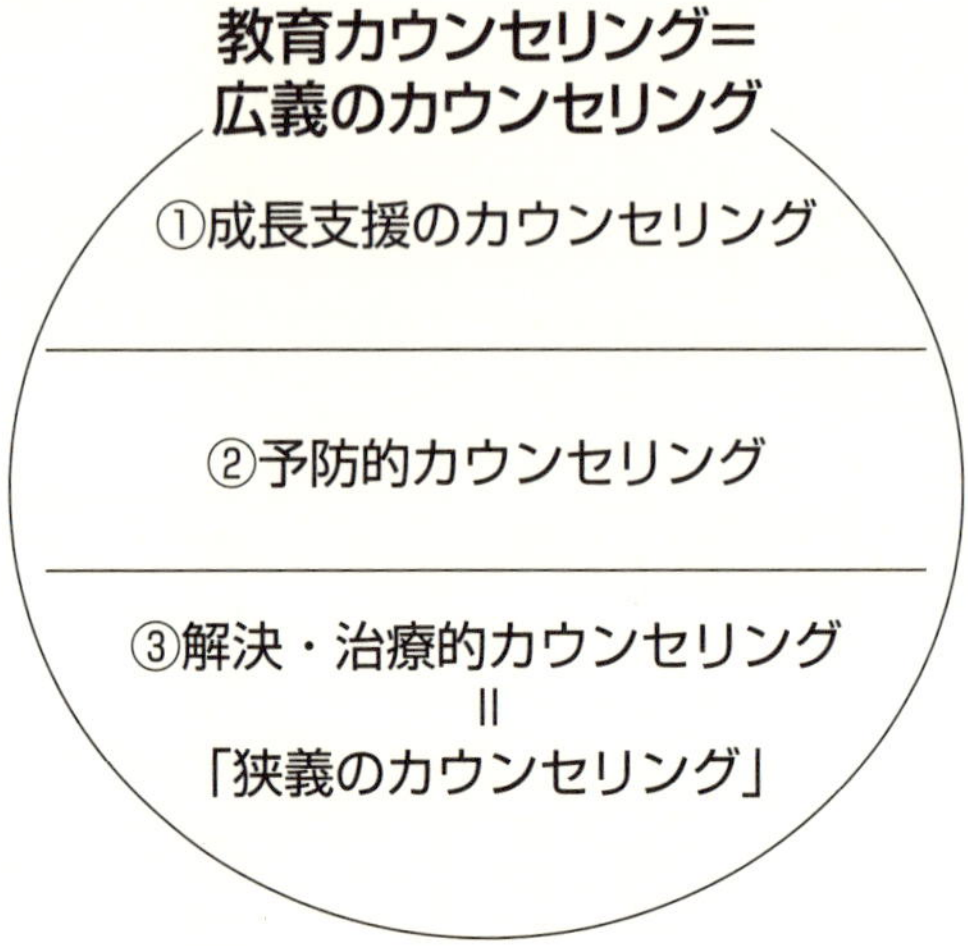

図３　教育カウンセリング＝広義のカウンセリング

にする場合と集団を対象にする場合があります。

個人を対象にした成長支援のカウンセリングの一つにコーチングがあります。「あなたはどうなりたいの？」という「what」の質問によって「なりたい自分のイメージ」を明確にします。次に「どうやってそうなっていくのか？」と、「how」についての質問をします。このように、自分がどうなりたいか、そしてどのようにしてそうなっていくのかを質問によって引き出していくのがコーチングです。

いっぽう、集団を対象とした成長支援のカウンセリングの代表的なものに、キャリア教育があります。例えば、「十年後どうなっていたいか」を六人一組で語り合うのです。

「成長支援のカウンセリング」は、子どもの「成長」にダイレクトにかかわるものであり、学校の教育活動の核にすえられるべきものです。

教育学には「理念」はあったけれど、それを具現化する「方法」がありませんでした。この「方法」を提供したのが教育カウンセリングです。

教育カウンセリング＝教育学（理念）＋カウンセリング（方法）なのです。

○予防的カウンセリング

「成長支援」と「解決・治療」の間に位置づけられるのが②の「予防的カウンセリング」で

す。これも集団を対象に心理教育プログラムを行う場合と、個別に行う場合とがあります。例えば、構成的グループエンカウンターで友人関係を築くことによって不登校を予防する。これは予防的カウンセリングの代表的な例です。

column

予防的カウンセリングの一例——國分先生に受けた「チャンス面接」

個別に行う予防的カウンセリングの一つに、気になる子どもに廊下で会ったときなど、その場で声かけをする「チャンス面接」があります。

私が大学時代に、チャンス面接をしていただいたときのお話をしましょう。

私は、高校卒業後、筑波大学に入学したのですが、当時、國分康孝先生は東京理科大学の教授でした。大きな悩みを抱えていた私は、あるとき無性に國分先生に話を聴いてもらいたくなり、飯田橋の東京理科大の先生の講義に「もぐり」にいきました。

しかし、キャンパス内に入った私は固まってしまい教室に入れずにいました。そのとき、先生は講義中に一度トイレ休憩をとるという噂を思い出し、近くのトイレで待ち伏せすることにしました。

すると、噂どおり國分先生が来られたのですが、私は緊張して、思わずこう言ってしまったのです。

「先生、こんなところでお会いするなんて偶然ですね」

みなさんが職場のトイレで他校の生徒に突然会ってこう言われたら、何と言うでしょうか。私ならきっと、「君、こんなところで何しているの？」と言ってしまったと思います。しかし、もしこのとき國分先生からそう言われていたら私は「やはり、僕はここにいてはいけない人間だ」と思い、すぐさま立ち去ったことでしょう。けれど実際には、國分先生はふっとこちらを見て、こう言ってくれたのです。

「君、今日、僕に何か話したいことでもあるの？　次の講義のためにこれから野田のキャンパスに移動するから、その間なら君の話を聞いてもいいよ」

こうして私は飯田橋から野田に向かう電車の中で、先生に悩みを聞いてもらうことができたのです。

このように、広義のカウンセリングには、幅広い援助活動が含まれます。対象はクライアントに限らず、むしろ集団を対象とすることが多くなります。

狭義のカウンセリングでも、グループカウンセリングなどで集団を扱いますが、その人数は数人から十数人です。広義のカウンセリングの場合、人数は桁違いで多くなりえます。私は初任者研修で八百人の教師を対象に構成的グループエンカウンターを行ったこともあります。

しかし、たとえ数百人といった大規模な集団を対象とした活動であっても、一人一人の「気づきと学び、自己成長のプロセス」と、それを支える「援助的な人間関係」——この二点がカウンセリングの本質であることに変わりはありません。

○広義のカウンセリングの定義とは

私の考える広義のカウンセリングの定義はこうです。

「個人や集団を対象として、一人一人の気づきと学び、自己成長のプロセスを支えていく、あるときは開発的（成長促進的）な、またあるときは予防的な、またあるときは問題解決的（治療的）な、援助的な人間関係にもとづく活動」

教育カウンセリングは「広義のカウンセリング」です。援助が求められる次元の相違に応じて、表1のように三つ（細かくは六つ）に分類されます。

表1 「教育カウンセリング」の3領域

「教育カウンセリング」の3領域

①成長支援のカウンセリング

・①－1：グループアプローチによる成長支援（例：高校1年生対象のキャリア教育のプログラム，教師の自己成長を目的としたワークショップ）

・①－2：個を対象とした成長支援のカウンセリング（例：教師個人の潜在的な力を発揮させていくコーチング）

---

②予防的カウンセリング

・②－1：集団を対象にした予防的なアプローチ（例：学級での不登校予防のためのエクササイズ）の実施

・②－②：個人を対象とした予防的なかかわり（例：気がかりな子へのチャンス面接）

---

③解決・治療的カウンセリング（狭義のカウンセリング）

・③－1：集団を対象にした解決・治療的アプローチ（例：高校生10名でのグループカウンセリング，不登校の親の会〈セルフヘルプグループ〉，教師を支える会〈サポートグループ〉）

・③－2：個を対象にした解決・治療的カウンセリング（例：不登校の子への個別面接，保護者を対象にした個別カウンセリングなど）

3　教育カウンセリングと教師の自己成長①横軸の成長
——リレーション能力と学級経営力を高める

◆横軸（水平性）の次元——人間関係力（リレーション）

前述のように、私は人間の自己成長を二つの次元で説明しています。横軸（水平性の次元）と縦軸（垂直性の次元）です。

水平性の次元とは、他者や集団とかかわる次元。垂直性の次元とは、精神性の高みや内面の深みの次元です。

水平性の次元で問われるのは、教師の人間関係力（リレーション力）です。

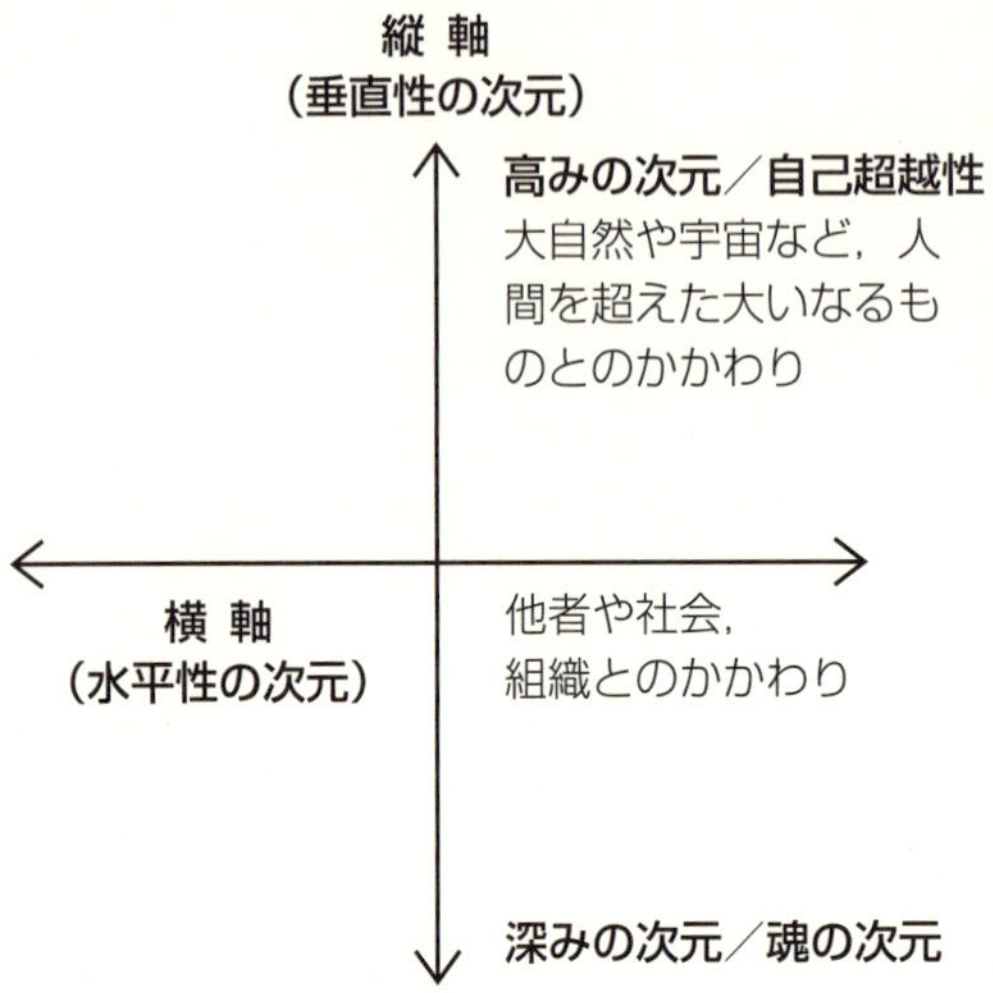

図４　自己成長（人格形成）における２つの次元

○学級経営——すべての子どもに共同体感覚を味わわせる

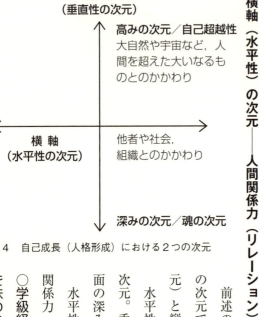

学級経営は、①すべての子どもが安心感・安全感を感じることができるようにするためのルールづくりと、②あたたかい心のふれあいのあるリレーションづくり（河村、二〇一〇）。この両方が重要です。

子どもたち一人一人が、「自分のほんとうの姿を出しても排除されない。自分はここではあるがままの姿でいることができる」という安心感・安全感が保証されていること。そのうえで、教師がぐいぐい引っ張っていき、学級集団としてある目的を達成すること。

子どもたち一人一人が、「私（僕）はこのクラスのメンバーとして、クラスのために貢献ができる。私はこのクラスにとってなくてはならない存在だ。メンバーの一員として私にしかできない役割を果たすことができている」と思えること。これはアドラーのいう共同体感覚です。

すべての子どもが共同体感覚を味わうことができる――これが学級経営の目標なのです。

○学級経営のスタート時点ではルールづくりを

ルールは、すべての子どもが「安心・安全を感じることのできる学級」をつくるうえで不可欠です。

特に配慮したいのが、精神的な面の弱い子どものケアです。例えば、騒がしい雰囲気の学級では安心できない、激しい言葉を発する男の子がいると学級に行くのが嫌になる……といった子どもが不登校になりがちです。これを防ぐために、安心・安全な雰囲気の学級をつくることがとても重要です。子どもの心が育つうえで安心・安全な雰囲気ほど重要なものはありません。

オットー・フリードリッヒ・ボルノウ（一九〇三―一九九一）という実存主義の教育哲学者が、「被護感（die Geborgenheit）」という言葉で言ったものです。「守られた空間」の中で、子どもたちははじめて全力を出してがんばることができるのです。この被護感を醸成するうえで、ルールづくりが重要になります。

・学級の基本ルール①――人を傷つけるようなことはしない、言わない

言葉遣いの乱れた子どもたちが少なくありません。「死ね」「殺す」といった言葉を軽い気持ちで言う子どももいますが、言われたら学校に来られなくなる敏感な子どもたちもいます。

「人を傷つけることはしない、言わない」というルールをまず徹底する。これが、敏感な子どもたちでも安心して通える学級をつくるうえで非常に重要です。

・学級の基本ルール②――人の話は最後まできちんと聞く

荒れていた学級の担任の先生が、こんなことを言っていました。

「四月の時点で、ある子どもの発言中に別の子どもが途中で発言し始めたとき、止めようか迷ったのです。でも、最初から説教をするのはどうかと思って止めなかったのです。すると、発言を無視して話す子どもがどんどん増えてしまいました。いまからふり返ると、あれが私が侮られた最初のきっかけだったと思います」

以前は学級が荒れる場合、五、六月ごろから兆候が見え始めて、二学期の半ばに大荒れというケースが多かったものです。しかし最近は、四月から一度も学級らしいまとまりをみせたことがないままに、なし崩し的に荒れっぱなしという学級が増えています。

学級づくりはスタートが肝心です。

四月の学級開きの時点で、「人を傷つけることはしない、言わない」「人の話は最後まで聞く」――この二つのルールを徹底して守らせることが重要です。

○学級づくりに有効なグループアプローチ

まず、学級の基本ルールの二つを踏まえたうえで、学級づくりに有効なグループアプローチを活用し、リレーションのあるあたたかい学級づくりをしていくことが大切です。

学級経営に使われるグループアプローチにはさまざまなものがあります。

・構成的グループエンカウンター

さまざまな心理学の手法を「I am OK and You are OK」という哲学のもとに統合したグループアプローチです。「人は心と心のふれあいのなかで、自分が自分の人生の主人公になって生きていくのだ」という実存的な哲学が基本にあります。自己決定・自己選択、そして人間的交流という人間形成にとって重要な要素をふんだんに盛り込んだアプローチです。

グループアプローチはいろいろありますが、人間形成の哲学を明確にもっているという点では、この構成的グループエンカウンターがいちばんです。

・ソーシャルスキルトレーニング

社会的なスキルを学ぶことを目的としたトレーニングです。例えば、あいさつや電話の受け答えの練習をする、友達とうまく遊べない子どもが「入れて～」と言って輪に入る、といった人間関係のスキルに焦点を当てたトレーニング法です。

column

エンカウンターとソーシャルスキルトレーニングの違いを理解しよう

エンカウンターは、実存主義の哲学が背景にあるのに対して、ソーシャルスキルトレーニングは、行動主義が背景にあります。行動主義は特定の人間哲学をもたない、サイエンスであることに大きな特徴があります。ソーシャルスキルトレーニングはあくまでも技能の習得に徹した訓練です。

学校で使われるときに、エンカウンターとソーシャルスキルを折りまぜたアプローチがしばしば散見されるのが、私は気になります。

エンカウンターはもともと折衷主義ですから、ほかのアプローチも入れていいのですが、どの点でソーシャルスキルを入れていいのか、どの点はエンカウンターがエンカウンターであるために譲れない点なのかを明確にしないと、なし崩し的に換骨奪胎されたエンカウンターになってしまうので要注意です。

実存主義と行動主義は、一九六〇年代にロジャーズとスキナーの徹底的な討論という形で激突しました。つまり、両者は思想的には真逆であり、基盤の異なるアプローチであることは知っておく必要があります。エンカウンターは、もともと健常な成人や青年を対象とした人間育成の方法であったのが学校現場に普及したものです。ソーシャルスキルトレーニングは、精神疾患の患者さんが社会復帰するための訓練や刑務所で長年過ごした人が社会復帰するためのトレーニングとして行われていたものが、学校現場に普及したものです。こうした背景や哲学の違いを理解しておく必要があります。

・グループワークトレーニング

例えば数人のチームで力を合わせて一つのジグソーパズルを作る。一つの絵を共同でかく。このようにグループで協力して何かを行うことで、協力心と協力のためのスキルを培っていくグループアプローチです。学校行事の前など、協力心を培いたいと思ったときに有効です。

・ピアサポート

上級生がカウンセリングの基本的な手法やコンフリクトマネジメント（葛藤解決＝衝突したときに仲直りをしていく手法）を学びます。そのうえで、下級生の相談にのったり、下級生同士が衝突しているときに間に入って仲直りのお手伝いをしたりします。

下級生は上級生を頼ることで、心の安定を手にすることができます。いっぽう、下級生に頼られた上級生は、「自分は頼られる存在なのだからしっかりしなくては」と、依存されることで精神的に成長していきます。

◆構成的グループエンカウンターを授業で活用するためのポイント

エンカウンターを授業などで使えるように、次の六つのポイントをしっかり押さえましょう。

①ねらいを明確に伝える

ねらいを短時間でわかりやすくかつ具体的に説明することが肝心です。例えば、サイコロトークをする場合、「お互いのことをもっと知り合おう」と板書をして、なぜもっと知り合ってほしいのか一分程度で説明します。インストラクションが冗長になると、何がねらいなのかわからなくなってしまうので注意しましょう。

②デモンストレーション（お手本）は心を込めてノリノリで行う

デモンストレーション（お手本）の上手・下手で勝負は決まります。説明は短く。「そのまままねすればよいデモンストレーション（お手本）」を必ず行いましょう。

③エクササイズの雰囲気を大切にする

安心できるなごやかな雰囲気をつくりましょう。

④教師がこまめに仕切っていく

「では一番の席の人が話す番です。これから一分です。どうぞ」。一分たったら「拍手！　次は二番の人です。どうぞ！」と、こまめに番を仕切っていきます。自分の番がくれば安心して話すことができる安心感をつくるのです。

⑤ふり返りのワークシートは項目数を絞り、記入欄はなるべく狭くする

記入欄はできるだけ狭くしましょう。狭すぎるくらい（三行書ける程度）でちょうどいいで

聴き合いの手引き

・○○と言いましたが，もう少し教えてください。
・○○と言ったのは，○○○○という意味でしょうか。
・○○さんが○○と言ったのは，具体的にはどういうことでしょうか。

★相手が傷つくような質問はしないこと！

す。記入欄が広いと子どもたちはそれを埋めるのに必死で、ふり返りの時間ではなくマス目を埋める時間になりかねません。

⑥シェアリングを使い分ける

シェアリングはグループシェアリングと全体シェアリングを、目的や時間の配分などによって細かく使い分けましょう。

◆心の交流のある授業は聴き合い活動から

まだ敷居が高いと思われる方は、まずシェアリング（聴き合い活動）やペアトーク（二人での話し合い）を授業にこまめに取り入れてみましょう。これだけでもスキルアップできます。

人前で話すのが苦手な子どもでも、話を最後まで聴いてもらえるという安心感があると最後まで話せるようになります。クラスにおける自己存在感も高まってきます。

私は、シェアリング（聴き合い）を小まめに取り入れていくことが、一つの革命といってもいいほどの、新たな展開を授業の中に生み出すと思います。

私がおすすめしているのは、教室の前面、黒板の上の壁などに、「聴き合いの手引き」を張っておくことです。すると、何とたずねていいかわからない子も、手引きを見て形に当てはめながら質問をすることができます。発言力がない子も、自分の発言をスルーされることなく、関心をもって聴いてもらえるようになります。シェアリングによって、安心感がある対話のある授業を実現することができるのです。

心の交流がある授業をつくっていくためのいちばんのベーシックな技法が、聴き合い活動をこまめに入れていくことです。

◆保護者対応――まずはしっかりとリレーションづくり

○保護者に好かれる教師の条件とは

保護者に好かれる教師になるためのポイントは、三つあります。

・ポイント①「子どもウォッチング・学級ウォッチング」ができている

保護者が「うちの子は最近どうですか」と聞いても、「特に問題ないですよ」というあいまいな答えしか返ってこないと、「この先生、いつも職員室にすぐに行って教室にはあまりいないんだろうな。だから子どもの様子がわからないのだろうな」と思われるのがオチです。

「この先生は、子どもの様子をよく見てくれている」と保護者が感じていることが時代を越えて信頼される教師の特徴です。具体的な情報を伝えることができるよう、日ごろから準備を整えておきましょう。

・ポイント②　まめな対応を心がける

例えば、「うちの子、最近いじめられているように思うのですけれど。よく見ておいてくれませんか」と保護者に言われたときに、その日のうちに一本電話をかけることです。「また保護者から電話がくるだろう」という待ちの姿勢ではなくて、こちらからかけるのがポイントです。

・ポイント③　明るいさわやかなオーラを出している

学級のスタート時点で、保護者から何となく「大丈夫かな、この先生」と思われる教師の特徴は、どんより疲れ切ったオーラを出していることです。保護者はこの点に敏感です。「先生は、元気がよくてさわやかでいてほしい」というのが、保護者の共通の願いです。

○最初の保護者会が勝負！　パートナー宣言&全員が全員と握手

入学式や始業式後の、最初の保護者会でやっていただきたいことがあります。「保護者の方々と私ども教師は、子どもを育てるという共通の目的を共有しているパートナーです。そのために情報を共有したり協力し合いましょう」と、「パートナー宣言」をすることです。

若い先生であっても、最初の保護者会で堂々と宣言することで信頼を得ることができます。保護者といい関係を築くためには、変にこびすぎないこと。「何かあったら言ってくださいね」と下手に出すぎる教師に対して、保護者はクレームをつけたくなるものです。

次に最初の保護者会でやっていただきたいのは「全員が全員と握手」という、ごく短時間でできるエクササイズです。先生が保護者の手を握って目を見ながら、「今度○年○組の担任になりました○○です。よろしくお願いします」とあいさつをします。保護者は「○○の母親です。よろしくお願いします」と返します。教師は全員の保護者と行い、保護者同士も全員と行います。

○保護者対応のコツ――できるだけチームで行う

クレーマーの保護者は、内心は被害者意識でいっぱいなのだということを覚えておいてください。自分は被害者だという思いがあるからこそ、相手を糾弾するのです。

被害者感情が強い人は、被害妄想に陥りやすいです。一人で思いにふけっているうちに、自分で思い浮かべただけのことと、現実に教師が言ったことの区別がつかなくなることがよくあります。

そのため、「先生、あのときこう言ったでしょう」「いいえ、言ってないですよ」という「言った言わないの論争」に陥りがちです。これで関係が悪化していくのです。

これを防ぐためには、教師チームで対応することです。電話対応はできるだけ避け、学校に来ていただくなり、こちらから家庭に出向くなりしながら複数の教師で対応することです。複数の教師が対応すると、被害妄想につながりにくくなります。

また、謝罪をする必要がある場合には、学校組織の一員として対応するわけですから、管理職にひとこと相談して、許可を得てから謝罪することが重要です。

◆教師同士の連携――日常連携とシステム連携

○教育相談部会――週一回～二週に一回行い情報共有を

教師同士の連携には、日常連携とシステム連携の二つがあります。

日常連携とは、例えば気になる子どもについて、「○○さん、先生の授業での様子はどうでしたか」と教師間で日常的に連携していくこと。これが、教師同士の連携の基本になります。けれども特に小学校では、日常連携に頼りすぎている部分があります。システムによる連携がもっと必要です。

中学校では教育相談部会を週一回開くことが多い一方で、小学校は月に一度しか開いていない学校が多く見受けられます。これでは情報共有が困難です。

小学校でも各学年の教育相談係が一人ずつ出て計六人と、校長を含む管理職、スクールカウンセラー、養護教諭らが、週に一回〜二週に一回、情報を共有しながら対応の仕方について具体的な方略を考えるようにするとよいと思います。

○チーム支援——二週間に一度集まり作戦を練ろう

中学校では学年に一人、小学校では二学年に一人ぐらい、特別なチームを結成して対応する必要があるレベルの問題をもった子どもがいると思います。緊急的な対応が必要な子どもに対して、支援チームをつくってかかわっていくのです。メンバーは、担任、部活の顧問、兄弟姉妹の担任、元の担任、個人的に子どもと仲のいい先生、スクールカウンセラー、養護教諭、校長、教頭、生徒指導担当者などから五名程度。こうしたメンバーでチームをつくり、二週間に一回程度集まって情報を共有し、作戦を練っていくのです。さらに、それに加えて、子どもが受診していたらその担当医、教育委員会の教育相談担当者など学校外の関係者にも、ときおり入ってもらうといいでしょう。

4 教育カウンセリングと教師の自己成長②縦軸の成長
——自分の内側にふれる。自己を深く見つめ、語り合う

◆縦軸（垂直性）の次元——魂の深み・精神性の高みの次元

リレーション能力やソーシャルスキル、学級経営の力などが水平性の次元（横軸）の力であるとしたら、垂直性の次元（縦軸）で求められるのは、自分を深く見つめていく「深みの次元」と、自身の人格をいまの自分を超えて高めていく自己超越の「高みの次元」です。

これは、教師の自己成長にとって要ともいえるものです。

特にこの次元が重要になるのは、中年期以降です。

さきに「人生の午前と午後」のお話をしました。人は人生の正午を三十五～四十五歳ぐらいで迎えます。それ以前が「人生の午前」、それ以降が「人生の午後」です。

私自身はいま五十三歳ですが、「人生の時間」で言えば、午後四時四十分くらい。少し薄暗くなってくる手前を生きているかなと思うことがあります。先生方は、いま、自分の人生の何時ごろを生きているでしょうか。

○三十五歳以降は教師としてのテーマを見つける

三十五歳を過ぎたあたりから、単に仕事をこなすだけではむなしくなってきます。教師としてのテーマが必要になるのです。

そこで大事になるのが垂直性の次元です。精神性の高み、魂の深みの次元といってもいいでしょう。重要になるのが、「これをとことんやることが、私が教師になったことの意味であり目的なのだ」と実感できる、教師としての「使命」「テーマ」を見つけることです。

教師としてのミッションとなりうるテーマの例をいくつかあげてみましょう。

・人口減少社会の中で生き抜く知恵を、子どもたちが自分なりに考えていく力を育てる。
・子どもたちがほんとうの自分らしさを見つけるための支援をする。
・部活動を通して、熱中することのすばらしさやチームワークの大切さを教える。
・不登校、引きこもりの子を本気で救い出す。
・非行少年と本気で向かい合う。
・人間関係づくりをとことんやる。

○人生の後半はカウンセリング学習が大事

そして人生の後半にさしかかると、自分を見つめることが大事になってきます。

単に何かを一生懸命やるだけではなく、いったん立ち止まり、ストップして、自分の中でうごめいている心の動きを真剣に深く見つめていくことが大事になってきます。

例えば、真剣に取り組んだけれど失敗してしまったとき、失敗や挫折をしっかり受け止めることも必要になってきます。そこで「それでもこだわり抜きたい」と思える何かを見つけることが、自分の人生のテーマにつながっていきます。

このように真剣に深く自分を見つめる作業を通して、人間は精神的に成熟していきます。「垂直性次元の心の成長」です。

しかし、内面への集中力を維持して自分を見つめ続けるのは、一人ではむずかしいものです。このとき大切になるのが、ワークショップや個別カウンセリングという「場のもつ力」です。ワークショップには、真剣に自分を見つめ、語り合う覚悟をもっている人が集まります。そういう人だけが集まってくる「場」のもつ独特なパワーというものがあります。この「場の力」に支えられて、人は深く自分を見つめることができるのです。

いっぽう、個別カウンセリングでは、自分の内なる声をカウンセラーに深く聴いてもらうことを通して、自分自身でも自分の内なる声を深く聴くことができるようになってきます。ここにカウンセリングの真の意味があります。

◆カウンセリング学習の四つのレベル

カウンセリングの体系は、次頁図5のように、より基層的な層（レベルⒶ）からⒶ、Ⓑ、Ⓒ、Ⓓと四つの次元から成り立ちます。カウンセリングの学び方は、カウンセリングの体系と結びついています。まずこの中でいちばん学習しやすいのがⒷとⒸです。

Ⓑ　カウンセリングの理論と哲学――さまざまなアプローチを講義や読書で学ぶ

自己成長論、精神力動論、認知行動論の三つがカウンセリングの主要なアプローチです。三つのアプローチは、哲学が異なります。

例えば、不登校で家に引きこもっている子どもがいるとします。認知行動論のアプローチでは、登校という行動をとれることをめざして、登校行動を徐々に練習していきます。

自己成長論のアプローチでも、子どもが登校できるようになればという願いをもって行いますが、それ以上に重要なことがあると考えます。この子が不登校になったことにも意味があると考えるのです。子どもの気持ちに耳を傾けて傾聴し、深く心をかよわせていきます。

すると、「僕なんか生きていても仕方がない」と言っていた子どもが、徐々にものの見方を変えていきます。三カ月後には相変わらず学校には行けないままであっても、「学校に行けない僕にも価値がある。学校に行けないからこそ学べることもある」ということに気づいていきます。

カウンセリングの体系	学習方法
D　カウンセリングの実践	実践（事例）の検討＋ スーパービジョン
C　カウンセリング技法の トレーニング （個人対象の技法、集団対象の技法）	カウンセリングのロールプレイ， 試行カウンセリング （エンカウンターやソーシャルスキルトレーニングの模擬演習など）
B　カウンセリングの理論と哲学	講義，読書
A　「自己」の学習	個人セッションやワークショップなどでの体験学習

図５　カウンセリングの体系と練習方法

行動面ではほとんど変わっていませんが、心の面では大きな変化を経験しています。自己否定感をもっていた子が、深く自己受容していくわけです。これこそがカウンセリングの大きな成果だと考えるのが自己成長論です。

いっぽう、精神分析をはじめとする「精神力動論」は、停滞している状態への対応に役に立ちます。カウンセリングの停滞現象の背後には、「過去の人間関係で身につけたパターンの繰り返し」があるとみていくのです。

例えば、ある母親は教師と親密になり始めた途端、急にその教師を避け始めます。多くの教師は「自分の何がいけなかったのだろう」と考えます。しかし、精神力動論を学んだ教師であれば、「この母親は、精神的に不安定な母親に育てられたため、子どものころから、相手と親密になると裏切られるということを繰り返し経験してきた。ショックや傷つきから自分を守るために、〈親密になったら相手と距離をとる〉という人間関係のパターンを身につけてきた。いま、私との間でそのパターンを繰り返しているのだ」と理解することができます。

この三つの理論のほかにも、多くのアプローチがあります。こうしたさまざまな理論と哲学の学習は、講義や読書が主になります。

Ⓒ カウンセリング技法のトレーニング――個人・集団対象ともに模擬トレーニングを

個人を対象としたカウンセリング技法のトレーニング（図のⒸ）の学習方法として、カウンセリングのロールプレイや試行カウンセリングがあります。カウンセラー役（聴き手）とクライアント役（話し手）が二人一組になり、実技のトレーニングをしていきます。

集団対象の技法の学習としては、例えば構成的グループエンカウンターを学級集団を対象に実施する前に、研修会などで教師集団を学級に見たててエンカウンターのエクササイズを行います。フィードバックをもらうことによって、実技の腕を鍛えていきます。ソーシャルスキルトレーニングも同様に、まず教師同士で模擬的に行い、実技の腕を鍛えていきます。

技法のトレーニングや理論学習は比較的行いやすいものです。

Ⓓ カウンセリングの実践――スーパービジョンを受けてはじめて腕が鍛えられる

より重要になるのは図のⒶとⒹです。

Ⓓの「カウンセリングの実践」の学習方法には、実践（事例）の検討とスーパービジョンがあります。

カウンセリングには個人対象のものと集団対象のものがあります。いずれも初心者ほどこまめに実践（事例）の検討を行い、スーパービジョンを受ける必要があります。

例えば、私の勤務する明治大学の場合、大学院生が週に一回のカウンセリングを二回行うごとに、教員がマンツーマンで一回五十分のスーパービジョンを行います。

院生は、クライアントが話した内容と自分が話した言葉を一言一句漏らさずに、録音はせずに記憶だけで逐語記録を起こして持参します。一回カウンセリングを行うと、記録をとるのに三〜四時間費やします。それを二回分持参して、私たちが助言指導を行っていくのです。このスーパービジョンによって、はじめてカウンセリングの腕が鍛えられていきます。

教育カウンセラーの資格はとったけれど、個別カウンセリングをしたことがないという方は、ぜひしてください。二回ごとに一回スーパービジョンを受けることをおすすめします。

例えば、ある保護者が「私は母親失格です。もう死んでしまいたい」と言っているとします。

その方に、「相談室であなたのお話を聴きたいです。二週間に一度来ていただけますか」とカウンセリングの「枠」を設定します。その際、最初のうちはカウンセリングを二回行ったら、一回スーパービジョンを受けるといいと思います。

私のところにも、二週間に一度、あるいは月に一度といったぐあいに、遠方からスーパービジョンを受けに来られている教師の方がおられます。

エンカウンターをクラスで行うときは、実践記録を綿密にとるだけでも、いろいろな気づきが得られます。自分が発言したことや実際に子どもたちがどう動いたかなど、可能な限りすべて記録しましょう。自分が感じたこと、気づいたこともメモにとります。それをまとめたものをもとに、スーパービジョンを受けるのです。

Ａ「自己」の学習——体験学習で自分の心の器を鍛える

カウンセリングの学びでいちばん重要なものは、図のＡの「自己」の学習です。学習の方法には、個人セッションやワークショップなどの体験学習があります。

個人セッションとは、カウンセリングを学ぶ人が、学習の一環として信頼できるカウンセラーに自分自身がカウンセリングを受けることです。この体験を教育分析あるいは個人セッションと呼んでいます。精神分析の流れをくんだ人は教育分析と呼ぶ場合が多いです。私は、自分の核にすえているのが実存主義や来談者中心療法ですから、個人セッションと呼んでいます。

私の場合、五回ワンクールという形で、個人セッションを行っています。自分を深く見つめ直したいという方が、北海道から沖縄までいろいろな場所から受けに来られています（私の場合、八十分二万円、五十分一万三千円です）。みなさんも、信頼できるカウンセラーに、個人セッションを受けられるといいと思います。

個人セッション以上に大きな力をもつのがグループ体験です。

私は、カウンセラーにとって唯一の商売道具は、「自分自身の心」だと思っています。自分の心という器を、どうやって鍛えていくかが重要になります。そのためには、三つのことが重要です。一つめは、本気で人生を生きること。二つめが、深く自分を見つめること。三つめが、深い交流をもつことです。この三つを可能にするのが、ワークショップでの体験です。

ワークショップの参加者は、ある種の決意を決めてきます。「ここに来たら本気で自分を見つめよう。本気で心を開こう」と。そういう場に、例えば年に七回程度参加していると、仕事も、恋愛も、夫婦関係も、学級経営も、授業も、すべてが魂の込められたものへと変わっていきます。

しかしながら、人生には本気で取り組んでも、うまくいかないことが多々あります。本気で生きていると、心が大きく揺らぎます。このとき、気持ちを同僚に話すと心配をかける。まして家族には話せない。管理職に知られたら低い評価を受けてしまうかもしれない……。

ワークショップには、心が大きく揺らいでいる状態で参加される方がたくさんいます。

ここでしか会わないメンバーと、秘密を厳守してくれるルールのもと、深く真剣に自分を見つめていく体験をします。そして、グループで深く交流をしていく。自分の深い部分をお互いに語り合っていくわけです。すると、グループは一人一人の参加者の「人間的成熟を支えていく場」として大きな力をもつようになっていきます。これがグループ体験の大きな意味です。

column

「場のもつ力」が人間的な成長を促す――アウェアネスのワークショップ

私が講師を務める「気づきと学びの心理学研究会〈アウェアネス〉」では、体験的な心理学の研修会（ワークショップ）を行っています（http://morotomi.net/）。

中心コンセプトは、「アウェアネス（気づき、目覚め）」です。

一人一人が、より自分らしく生きることに目覚めるとともに、自らの内面的な真理の探究にどこまでも向かっていく。自分の心の声、魂の声に耳を傾けつつ、自分が心の底から納得のいく生き方を探っていく。それを具体的にサポートしていくのがこのワークショップの目的です。

人間性心理学やトランスパーソナル心理学、特にフォーカシング、プロセス指向心理学のさまざまな方法を用いて、自分を深く見つめ、参加者同士が互いに語り合いながら、気づきと学びを得ていき、人間としての自己成長に取り組んでいきます。

ワークショップには、全国から参加者が集まってきます。メンバーの職種は、三割くらいが教師です。学級担任、養護教諭、管理職も多いです。そのほか、医師・精神科医、カウンセラー、大学教員、キャリアアドバイザーやコーチングのコーチ、企業勤務の方――こうした多様な職業の方が集って、人間と人間の深い心の交流が行われていくのです。

ワークショップへの参加には、特に事前の学習も必要ありませんし、大学などで心理学を学んだ経験も必要ありません。どなたでも参加していただけます。もちろん、カウンセリング技法の習得にも有益です。教師を辞めてプロのカウンセラーになって開業していく方もいます。

参加者の目的は、「自分自身の心の成長・成熟」です。

子どもの人生に真剣にかかわって実践をされてきた先生方は、単なる理論や技法の学習ではものたりなくなり、自分を見つめ、深く語り合う場を求めて来られるのです。

　私がワークでいちばん心がけているのは、安心感・安全感です。そして、私自身が本気でデモンストレーションをします。リーダー自身が本気でワークに取り組んでいる姿を見せることが、参加者が本気でワークに取り組む足がかりになります。

　ワークが進むにしたがって、しだいにこの場でしかもち得ない力が満ち始めます。場のもつ力によって、自己成長が促進されていくのです。

　私がいつも言っているのは、「このワークショップは、参加者の質がいいことがいちばんの特徴です。講師はともかく参加者の質は日本一です」

　いい参加者が集まることによって、グループのもつ力が高まっていくのです。

　人間の心の成長・成熟とは、独学で本を読んで勉強すれば可能になるものではありません。グループで出会った人とのつながりに支えられて心は成長していくのです。

第4章

教師として本気で生きよ

1　本気で生きよ

◆本気で仕事をする――うつを恐れていたら、本気で教師はできない

「あなたは、本気で生きていますか？」

そう問われて、あなたはいま、「はい、私は本気で生きています」――そう即座に答えられるでしょうか。

あなたは、毎日の仕事にどれだけ本気で取り組んでいるでしょうか。「教員なんていくらがんばっても給料は同じだ。保護者や地域からのクレームも怖い。同僚からのやっかみも。出すぎないようにそこそこ無難にやっていこう」などと思っていませんか。

二〇一五年に放映されたテレビドラマ『下町ロケット』（池井戸潤原作、同名小説のドラマ化）は、恋愛ものばかり多い日本のドラマの中でめずらしく、本気で仕事をすることのすばらしさをうたったヒューマンストーリーでした。社員は徹夜続きで懸命に仕事をするわけですが、あのようなハードな働き方をしていたら、社員の半分はうつになってもおかしくありませ

ん。しかし、だれも後悔はしていないと思います。私はこれでいいと思うのです。

実際、私のところに、うつになってカウンセリングに来られた先生方も、命がけで教師をやっていたからこそ、限界に直面してうつになった方が少なくありません。

教師のメンタルヘルスはもちろん重要です。うつは、早期発見・早期対応が重要になります。

「うつかな」と思ったら、躊躇せずにメンタルクリニックに行ってください。

しかし、誤解を恐れずに言うならば、メンタルヘルスばかり気にして、妥協の連続で生きていくことほど愚かなことはないと思うのです。

うつになることを恐れていたら、本気で教師などできません。

◆人生ここ一番！　のときには「心身の健康を損なってもかまわない」ぐらいの覚悟で

私の体験をお話ししましょう。

二〇一一年の東日本大震災後、私は、「このまま生きていて、満足して死ねるのか」と自問自答しました。

当時、霊能者の江原啓之氏が、霊能（サイキック）による相談を「スピリチュアルカウンセリング」と命名して世に広めたがために、スピリチュアル（spiritual）という言葉に霊能というイメージがついてしまいました。

しかし本来、スピリチュアリティというのは「崇高なる精神性」「魂の深み」のことをさします。私が専門としているトランスパーソナル心理学の真髄は、この崇高なる精神性や魂の深みにいたろうとすることにあります。

こうした誤解が蔓延している中で私は、「ほんもののスピリチュアリティに基づくカウンセリングの入門書を私はまだ書いていない。この本を世に出さなければ死ぬに死ねない」。そう決意しました。二カ月半ほど睡眠時間を一日二時間に削り、執筆に没頭したのです。こうして書き上げたのが、『スピリチュアル・カウンセリング入門（上・下）』（誠信書房）です。本の完成時には「私は、この人生で書くべきものを書いたのだ」という深い充足感がありました。

ところが本を書き終わった後、眠ろうとしても眠れなくなってしまったのです。カウンセラーの私が、睡眠導入剤を処方してもらうためにメンタルクリニックに行き、ようやく眠れるようになりました。笑い話のようなほんとうの話ですが、まったく後悔はありません。

もちろん、日常的にきちんと睡眠をとることは大事です。しかしながら、「人生ここ一番！」というときには、自分の心身の健康を損なってもかまわないぐらいの覚悟で、命がけで仕事をしぬく必要があります。そうしないと魂の深い部分の充足感はとても得られません。

◆本気で恋をする——のたうち回るほどの恋をしたことがありますか

「ここは！　というときは命がけで」——これは仕事に限ったことではありません。恋愛も同様です。

例えば、Ａくんがダメなら B くんもいる、というような代替可能な恋愛ばかりしていると、傷つきはしないけれど、心の深いところは満たされはしません。心は空虚のままです。本気で恋をしたからこそ、失恋したときは、激しい喪失感におそわれ、のたうち回るほど悩み苦しみ続けるのです。

本気の恋をしてきた人か、あるいは妥協・打算でやり過ごしてきた人か。それは、おのずと周りの人にはわかるものです。

中・高校生の教え子が、あるいは職場の若手教師が、恋愛で悩み苦しんでいるとき、あなたは「この先生なら自分の悩みをわかってもらえるかもしれない」と思ってもらえるでしょうか。それとも、「この先生には、何を恋愛ごときで悩んでいるのだ、と思われるのがオチだ。相談するだけ無駄だ」という気持ちにしかならないでしょうか。

◆本気で夫婦をする――真の結びつきを求める夫婦になる

これは、夫婦関係にもいえることです。カウンセリングをしていると、よくこういう相談を受けます。

「私たち夫婦は一応うまくいっています。経済的にも安定していて、特に大きな問題もないので、離婚はしないと思います。けれど、どこか表面的なつながりしかないような気がするのです。夫婦とはもっと深い結びつきがあるものではないでしょうか。これで私たちはほんとうの夫婦といえるのでしょうか」

これはとても健全な感覚です。

逆に日本の多くの夫婦は、「夫婦なんてこんなものだ」と割り切っているように感じます。その結果、自分だけでなくパートナーもむなしい思いをして生きることになります。

しかし、本気で夫婦をしようと思い始めたら、相手にも多くを望むようになるので不満が募ってきます。結果、離婚する危険性が高まるのですが、それでも真の結びつきを求めるということはとても重要です。

本気で仕事をする。本気で恋愛をする。本気で夫婦をする。これが本気で人生を生きるということなのです。

◆リスクを承知で本気で生きないと、心は空虚なまま

けれど、本気であればあるほど、傷つきのリスクは高まります。

例えば、命がけである授業に取り組み、公開授業に臨んだものの失敗に終わった。酷評されてしまった。そんなとき「私は教師に向いていないのではないか」と思い始めます。

本気で恋愛をしたけれど、無残な結果に終わってしまうと、「私は人間として価値がないのではないか」と感じることもあるでしょう。

本気で夫婦をしようとして、取り組んだけれども、離婚に終わってしまった。そんなとき、孤独に打ち震えることになります。

このように、本気で何かを行い失敗したとき、のたうち回るほどの苦しみを味わいます。

けれども、それでいいと思うのです。仕事や恋愛・結婚で挫折したり、うつになったり、というリスクを覚悟で本気で生きないと、人生は空虚なままに終わってしまうからです。

◆フランクルの次元的存在論──「健康や社会的な成功」と「魂の充足」はしばしば矛盾する

フランクルは、「真実は、どのような視点から見るかによって異なる姿を見せる」ということをとてもシンプルな例えを用いて説明してくれます。

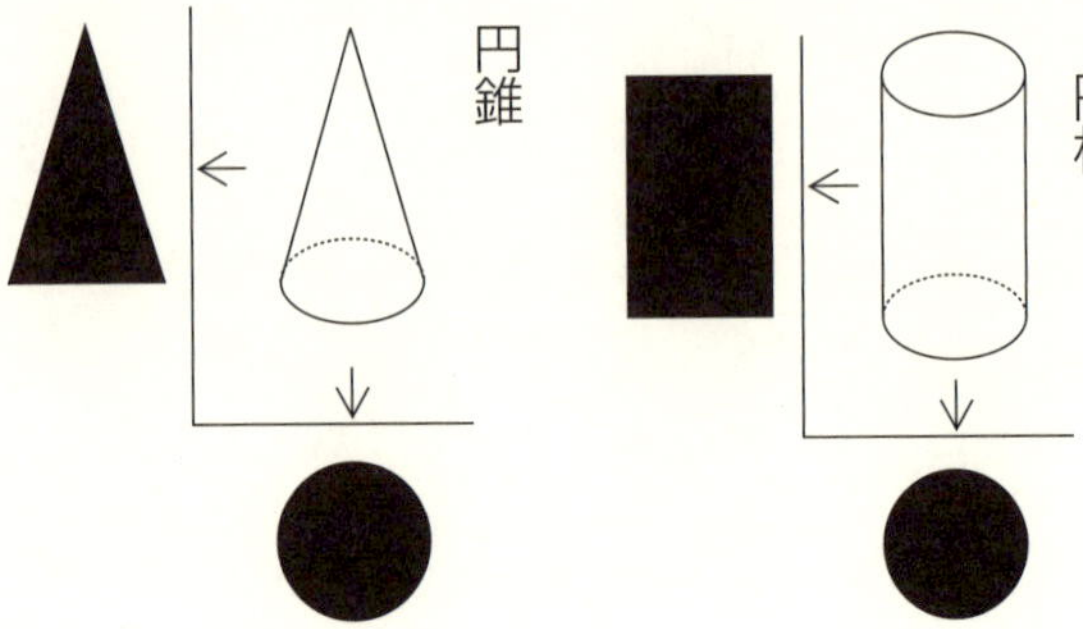

図6　フランクルの次元的存在論

図6のように、三次元では円柱に見えるものが、二次元に投影されると、ある面では長方形に、別の面では円に見えます。同様に、三次元では円錐に見えるものが、ある面では三角形に、別の側面から見ると円に見えます。

三次元のものが二次元に投影されると、本来まったく異なるものが同じように（円に）見えるということが、この円柱と円錐の比喩でわかります。

このことは、二人の人間の精神のありようについてもいえることです。

心身は健康で、毎日忙しく働き、仕事面でも成功している二人がいるとします。この点では、二人の人間が同じ平面に投影されると、どちらも同じように見えます。

しかしながら、精神性や魂という次元に投影されると、一人は「私は確かに社会的に成功しているし、健康でもある。しかし私の人生、何か空虚だ」と感じている。もう一人のほうは「私は自分の人生に与えられた使命に没頭する日々を過ごしている。心の深いところから、喜びに満たされている」という実感がある。内面はまったく異なるのです。

図７のように、「成功・健康」と「失敗・不健康」を横軸とし、「魂の充足」と「空虚」を縦軸としてみたとき、そのベクトルはしばしば相克し合うのです。「社会的成功」や「心身の健康」というベクトルと、「魂の充足」（深く心が満たされている）のベクトルとはしばしば交差しうるし、矛盾しうるのです。

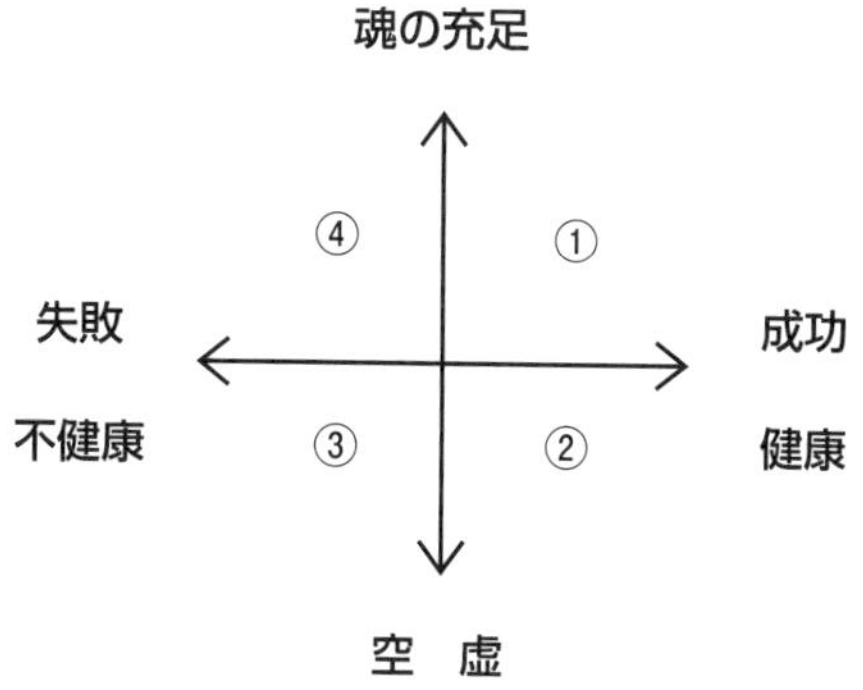

図７　「成功」「健康」のベクトルと「魂の充足」のベクトルの相克

①健康であり成功していて魂が充足している人
②健康であり成功しているが魂の空虚な人
③不健康であり失敗していて魂の空虚な人
④不健康で失敗しているにもかかわらず魂の充足している人

人間のあり方はこの四つに分かれるのです。

私のクライアントで、八年ほどうつを患っていた方がこう言いました。

「うつは確かに苦しいです。何日も立ち上がることすらできない日もありますから。けれどもうつになったために、私は嫌でも内面の、深く濃密な魂の世界に関心を抱かざるをえなくなりました。うつによって、この世界へ導いてもらうことができたのです。

私はうつになったことに感謝すらしています。もしうつにならずに、魂の濃密な世界を知らずに生き続けていくことになっていたら、それは恐ろしいことです。それを知らずにただ健康に生きていた元気で薄っぺらだった毎日に、私はけっして戻りたくはありません」

私は、心から感動しながら、この方の話をお聴きしました。

◆心が深いところで動いたときこそ、カウンセリング学習を

このように、「成功」や「健康」という次元と、「精神の高み」や「魂の深み」という次元はまったく異なるものです。しばしばそれは交差しうる、矛盾しうるのです。フランクルの次元的存在論は、この二つを混同してはいけないことを教えてくれます。

心の病などに苦しみながらも、深い魂の世界を満ちたりて生きている人が数知れずいます。

いっぽうで、心身ともに健康で、社会的・経済的にも恵まれていても、内面は空虚で渇いたま

まという人もいます。

現代に圧倒的に多いのは後者です。健康である程度経済的にも恵まれてはいるけれど、魂の空虚な人間があふれ返っています。

あなたは「魂が深く満たされた病者・不成功者」と、もう一方の「魂の空虚な健常者・成功者」と、どちらかを選べと言われたら、どちらを選ぶでしょうか。

私は、魂の空虚な健常者・成功者であるぐらいならば、魂が深く満たされた病者でありたいと心から思います。私の魂は深く濃密な生を生きることを、私に強く求めてきているのです。

本気で生きると、失敗したり、心が傷ついたり、病気になったりするリスクを抱えることにもなります。しかし半面、深く心が満たされます。深く真剣に生きている人だけに与えられる心の動きを感じることができるのです。

2　自己を見つめる――単独者であるためのレッスン

◆カウンセリング学習は、ワークショップの参加から

カウンセリングの学習をするときには、理論の勉強や技法の勉強からではなく、深く自分を見つめて語り合う、体験的なワークショップへの参加から始めてほしいと思います。

ワークショップには、構成的グループエンカウンターの合宿研修や、「気づきと学びの心理学研究会〈アウェアネス〉」主催のものなどがあります。真剣に自分を見つめたいと思っている方はどなたでも参加できます。秘密を守るというルールがありますし、参加者の質がよい（人間としてよい人が多い）ので、安心して参加できます。

ただ本気で自分を見つめて深く語り合おうという、決意と覚悟だけもってきてほしいのです。そういう人が集まる非日常的な場所がワークショップです。これは日常的な人間関係ではなかなかできないものです。

ワークショップでは、深く自分を見つめて、深く語り合い、深い心の交流が生まれます。こ

うした人間道場のような体験が、本来カウンセリング学習の中心なのです。

深く自分を見つめて、互いに深く語り合う体験は、人間として自己成長していくうえで大きな意味をもちます。
①自分自身の人生を本気で生きる。ワークショップなどの場に行って、②深く自分を見つめる。③人と深く語り合う。この三つをすることが、人間力を鍛えるために大切です。
このように生きることが、「脳がＩＴ化された社会」から逆転して、ゆったりと流れる時間「深層の時間」を生きることにつながります。深く自分を見つめて、深く交流し合う――こういう時間にこそ、濃密なる生の証しがあるのです。

◆カウンセリング学習の真の意義――「深層の時間」を過ごすことで、本来の自分に立ち返る

私は、処理しなければいけない仕事に追われている時間のことを「表層の時間」、これに対して、自分の内側の深いところにふれてゆったり流れていく時間を「深層の時間」と呼んでいます。

心理学の体験的なワークショップの時間やカウンセリングを受けている時間は、深層の時間の典型的なものです。本来の自分に立ち返って、深く自分を見つめていく時間、あるいは自分

のいのちの源に深くふれていく時間といってもいいと思います。そういうときは、ゆっくりゆっくりと時間が流れていきます。

「本来の自己に立ち返る時間」の「本来性」をドイツ語では、「アイゲントリッヒカイト(Eigentlichkeit)」といいます。本来性に立ち返ることを『存在と時間』という名著で強調したのは哲学者のマルティン・ハイデガー（一八八九～一九七六）です。

この言葉には、本来性という意味と同時に「固有性」という意味があります。本来の自分に立ち返るということは、固有の自分になる、自分らしく生きることだというのです。

深層の時間を過ごし、自分自身の深いいのちの流れにふれることで、本来の自分に人間は立ち返っていきます。真の自分自身として生きていくことが可能になるのです。

カウンセリング学習の真の意義はここにあるのです。

◆非日常的な場所に身を置くことで「深層の時間」をもつ

自らの人生を深く見つめ直す深層の時間をもつためには、家庭や学校といった日常の時間から離脱した、非日常的な場所に身を置く必要があります。

しかし現実問題として、いまの教師は多忙をきわめます。学校ではもちろん、家庭でも持ち帰りの仕事や家事、子育て……と猛スピードで時間は流れます。

こういう時間の流れから離脱しないと、深く自分を見つめる、ゆったりとした深層の時間を体験して本来の自分に立ち返るということはなかなかできません。

おすすめしたいのは、週末にワークショップや瞑想道場などに参加することです。期間は二～三日でいいのです。場所としては、できれば居住地域から離れて、日常から切り離された非日常的な空間に身を置くことです。そしてゆったりした深層の時間の流れのなかで、深く自分を見つめ、語り合うのです。

◆非日常的な場に定期的に身を置いて「確固たる自己価値観」を身につける

教師は評価に敏感です。学校にいると学校的価値観に染まって、管理職や同僚の評価が気になります。子どもや保護者からどう思われるかも気になります。

「評価されない場」に身を置くことは、本来の自分に立ち返るうえで大変重要な意味をもちます。

日常的な時間の流れからしっかりと離脱して非日常的な場に身を置かないと、自分自身と向き合う時間はなかなかもてるものではありません。

ワークショップなどの非日常的な場では、承認や評価といったプレッシャーから自由になって、あるがままに自分を深く見つめ、語り合うことができます。

こうした体験を通してはじめて、他者からの評価ごときでは微動だにしない確固たる自己価値観が確立されるのです。

「評価されようとされまいと、私はこれが大事だと思う」

「私は教師としてこれを大事にしていきたいのだ」

「教師としての前に、人間としてこう生きたいのだ」

こうした確固たる自己価値観を確立するためには、評価社会である学校から身を引いて離脱する。そして非日常的な場所に身を置く。そこで自分を深く見つめて語り合うことを通してはじめて、「私はこうやって生きていくのだ」という自分の価値観をつくることができるのです。

「私には私の生き方がある。私の人生の主人公は私なのだ。私が私の人生の主人公になるのだ」——教育カウンセリングの原点である「実存的に生きる」ことも、こうした「非日常的な場に定期的に身を置く」ことによって可能になるのです。

３　ほどよく自立し、ほどよく依存する

◆ほどよく自立し、ほどよく依存して生きる

さきに私は、本気で生きよ！と言いました。本気で仕事をせよ。本気で恋をせよ。本気で夫婦をせよ、と。しかし本気で生きると、大きな失敗や大失恋、離婚にいたることもあります。場合によっては、メンタルヘルスを崩すこともあります。しかし「人生ここ一番！」というときには、それを厭わず挑まなければ、真の意味で充足した人生を生きることは不可能です。誤解がないように言っておきますと、人生ここ一番！　というときだけそう生きてほしいのであって、普段は自分をいたわり、メンタルヘルスを大切にしてほしいのです。

一般に、教師はまじめな人が多く、うつになりやすい職業です。まじめで几帳面。勤勉で仕事熱心。責任感・義務感が強く、自分を責めやすい。特に、完全主義者で完璧に仕事をしないと気がすまない人は、うつになりやすいのです。

例えば、「私は担任なのだから、何でも自分でやらなければ」と自分を追い詰める人です。

逆に言うと、いいかげんで自分の問題を他人のせいにするような人は、まずうつにはなりません。しかし、そんないいかげんな人が教師をしていたら大きな問題です。

大事なことは、ほどよく真剣に生き、ほどよく手を抜いて生きること。あるいは、ほどよく自立して生き、ほどよく依存して生きること。このバランスが大切です。

◆それでもつらくなったら、迷わずメンタルクリニックへ

ほどよい依存ができるためには、ヘルプシーキング（援助希求・被援助志向性）を発揮して、つらい気持ちを相談する。ほどよく人に頼りながら生きていくことが必要です。

ワークショップに行ったり、カウンセリングを受けるなどして、お金を払ってでも依存できる場所を見つけておくことです。それでもつらくなったときは、躊躇せずすぐにメンタルクリニックに行きましょう。精神科にかかるのは恥ずかしいと思っている教師が多いですが、そんなことはありません。この教師受難の時代、真剣に教師をしていればうつになるのがあたりまえ。うつは教師の勲章なのです。うつになることを恐れてはいけないのです。けれどいっぽうで大事なのは、うつになりそうになったら、躊躇せずすぐに手を打つことです。

4　自分の心を常におだやかに保つセルフコントロールこそ、教師の最大の資質の一つ

◆教師の最も大事な資質・能力の一つは、「常におだやかな気持ちを保つこと」

教師のセルフコントロールで大切なのは、常におだやかな気持ちをキープすることです。教師が「常におだやかな気持ちをキープできていること」が、子どもの安心・安全のためには不可欠です。教師の最大の資質・能力の一つといっていいかもしれません。

みなさんは、一日のうちに何回くらい、イラッとすることがありますか。「一日、三～四回はイラッとすることがある」という方が多いのではないでしょうか。

イライラした気持ちを引きずったまま授業をしたり、イライラした気分のまま子どもに説教じみたことを言ってしまったことはないでしょうか。

教師は対人援助職です。教師が常におだやかな気持ちを保つこと。側にいるだけでホッとする雰囲気を保つことは、教師としてとても大事な資質・能力の一つです。

◆心をおだやかに保つコツ

自分の心をおだやかに保つためのポイントの一つは、「イライラしたら、違う場所に行く」ことです。

覚えておいてほしいのは、「感情と場所はワンセット」という原則です。

例えば、同僚とかかわったときにイライラしたら、その場から離れて心が落ち着く場所に行くのです。精神論だけでおだやかさをキープするのは至難の業です。例えば、トイレに行くのも一案です。

場所を変えたら、そこで次のことを試みてほしいと思います。

まずおすすめしたいのは、「完全呼吸」(自律神経を整える呼吸法)です。手順は、①三つ数えながら鼻から息を深く吸う、②息を止めたら口をすぼめる、③腹筋を使って口から息をフーッとゆっくり長く、完全に吐ききる。これを二分間ほど繰り返すだけでだいぶ違います。

このほかにも、

・思い切り叫ぶ——車の中など一人になれる場所に行けたら、「バカヤロー!」などと叫びましょう。

・紙をちぎる——不用の紙を手でビリビリとちぎります。

・クッションを叩く――クッションやぬいぐるみを叩いてストレスを解消します。
・アロマの香りでリフレッシュ――アロマは気分転換に即効性があります。

教師の仕事には、イライラすることが少なくありません。しかし、イライラしたまま、子どもや保護者とかかわるようではプロといえません。どんなときでも心をおだやかに保つための工夫を身につけておく必要があります。詳しくは、『教師の悩みとメンタルヘルス』(図書文化)をご参照ください。

column

心に響く音楽に耳を傾けて

みなさんも、心が弱ったときにこの曲を聴くと心が安まる。そんな曲をおもちかもしれませんね。

心が少し弱ったとき、不安やプレッシャーに一人押しつぶされそうなとき私がおすすめしたいのが、魂の歌姫、藤田麻衣子さんの『あなたは幸せになる』という曲です。これはまさに弱った心をエンパワーしてくれる「勇気づけソング」。

心が折れそうになったときにぜひ聴いてみてください。

第5章

教師人生のライフステージを見つめる

1　若手教師時代（二十代〜三十代前半）にするべきこと

◆仕事の基本をそつなくこなせる能力を培う

二十代から三十代前半の段階では、授業や学級経営をそつなくこなせるようになることが目標です。まず、授業が柱になります。板書の仕方など授業の型を覚えること。まとまりのある学級経営ができるようになること。そして、生徒指導や保護者対応の基本を学ぶことです。

学級経営で最も大切なのは、すべての子どもが安心感を得られることです。

そのためには、「人を傷つけることはしない、言わない」「人の話を最後まで聞く」という二つのルールを徹底して守らせることから始めるのがおすすめです。

◆自分のモデルになる教師に出会う

若手教師時代のいちばんの課題は、「モデルになる教師との出会い」です。

若手教師のうちに、「私はこんな教師になりたい」というモデルをぜひ見つけてほしい。國分康孝先生は、長年東京都の教職員相談をやってこられました。私は、先生がおっしゃった次の言葉をよく覚えています。

「問題や悩みに直面したときに、教師が立ち直ることができるか、できずに辞職していくか。大きな分かれ目になるのは、自分のモデルになる教師と出会えているかどうかだ」

けれども、モデルにしたくなる教師との出会いはそう頻繁にあるものではありません。モデルにしたい教師と同じ学年でチームを組んで仕事ができれば最高です。モデルとなる人の言動を毎日目にすることができます。これが何よりも大きな財産になります。

近くにモデルにしたい人がいない場合は、ぜひいろいろな研修会に参加していただきたいと思います。日本教育カウンセラー協会などが主催するカウンセリングの研修会、教科の学習に焦点を当てた授業研究会などに出てほしいのです。

自治体によっては、教育委員会の主催ではない研修会に教師が出席することをよしとしない雰囲気がありますが、私はこれには大いに疑問を感じます。子どもたちの自己決定・自己選択をよしとしているのに、教師自身が何を学ぶかを自己決定・自己選択するのを尊重しないのは好ましくないと思います。

人間は、「これを学びたい」と自分で選び取って学んだものしか、ほんとうには身についていきません。教師が自らの自己決定・自己選択の力を鍛えていないと、子どもたちに自己決定・自己選択の力など育つはずがありません。

アンテナを張り巡らせて、何か面白そうな研修会があると思ったら、どんどん足を運びましょう。

◆三十代になったら、「他者からの評価を求めない」

二十代の教師は、評価を非常に気にします。周りの期待を敏感に察知して、それに応えていくことを重要視する傾向があります。逆に、周りの空気を読めずに、期待に応えることができなかった場合、「私はダメな人間だ」というレッテルを自分で張ってしまいがちです。

周りの人間、特に管理職にわかってもらえなければ落ち込みますし、自分のことも責めます。同時に、「悪いのは、私のことを理解してくれない先輩の先生なのだ」と他罰的になるところもあります。それが限界まで達したとき、「○○先生は私のことを全然わかってくれないじゃないですか！」などと攻撃的になります。そしてさらに深く落ち込み、うつになっていく――こういう若手教師が増えています。

「管理職や同僚、特に先輩の教師から評価されなければ」という意識が強すぎるので、こうなっていくわけです。そこには、イラショナルビリーフ（非合理的な思い込み）があります。「周囲の人に評価されなければダメ教師である」というイラショナルビリーフがあるのです。これを克服してほしいと思います。

これは「自分はなぜ教師になったのか」を理解することにつながります。

「私は周囲に評価されるために教師になったわけではない。評価されなくてもかまわない。私は私なりのなりたい教師になればよいのだ」というように、イラショナルビリーフをラショナルビリーフ（合理的な受け止め方）に変えていきましょう。自分の「なりたい教師像」を自分で選び取って、なりたい教師になっていくのです。

いっぽうで、ベテランの先生方にお願いしたいのは、いまの若者は「わかってもらいたい」という強い願望をもっていることを理解することです。

2 中堅教師時代（三十代半ば～四十代後半）にするべきこと

◆自分なりのテーマをもち、オンリーワンの授業を

中堅教師時代（三十代半ば～四十代後半）は、学級担任や教科担任として、それなりに経験を積んできている時期です。学級経営や学年の運営、教科指導、生徒指導についての幅広い力量を身につけていく時期といってもいいでしょう。生徒指導主任や教務主任といったポストも任され、若手教師のサポート役も期待されます。

よりいっそう自分の専門に特化したテーマを探究する能力を身につけていくことが必要になる時期でもあります。「自分なりのテーマをもつ」ことがとても重要になるのです。

そつなく授業をこなすのにとどまらず、自分の願いを込めた授業、自分の思いを込めた授業――自分にしかできないオンリーワンの授業をめざしてほしいのです。

「授業を通して、自分はこんな意味を伝えたい、こんな価値を実現させたい」というものをもつのです。「意味」と「価値」がキーワードになってきます。

私の知り合いにも、「これほど生活のすべての時間とエネルギーをかけて授業や学級経営を実践している人はほかにいない」と思える先生がいます。その方の実践の一つが、毎日欠かさず書いている学級通信です。保護者と一緒に子どもを育てていくのだという決意があるからこそできることです。

ある先生は、いろいろな国語の研究授業を見てきたけれど、終わりには教師がもっている「正しい答え」に誘導していく授業がほとんどだと思い、そこに違和感を覚えました。そして、予定調和ではなく、子どもたち自身が読みを深めていき、答えなき答えを探す授業に取り組むようになりました。

ある社会科の先生は、教材のリアリティーにこだわり続けて、自らが実地調査に出向き、実際に取材して情報を収集しています。まさに生きた教材を使った授業を展開しているのです。

みなさんもぜひ、自分なりのテーマをもち、専門性に特化した研究会に足を運ぶなどして、打ち込んでいただきたいと思います。

◆道徳に情熱を注ぐ！

テーマをもたないまま、日常業務を繰り返すだけになってしまうと、情熱を失っていきます。

自分もむなしくなるし、教わる子どもにとっても迷惑な話です。

私が情熱を傾ける対象としておすすめしたいのは、道徳の授業です。

道徳では子どもに生き方そのものを教えることができます。ある教師は「これまで生きてきて、人間としてほんとうに大事だと思うことを魂をぶつけるようにして伝えていくことが道徳ならできる」とおっしゃいます。

◆教育カウンセリングや生徒指導をテーマに

もう一つおすすめしたいのが、教育カウンセリング、教育相談、生徒指導です。つまり、子どもとの心のふれあいをベースに、子どもの心にダイレクトにかかわっていくのです。

「別室登校で不登校の子どもにかかわることはだれにも負けません」『私は教育カウンセリングを学び、子どもたちの心や社会性を育てることに情熱を注ぎたいのです」——こうした「教師人生のテーマ」を見つけるのです。

教科指導であれ、教科以外であれ、「自分が心から打ち込むことのできるテーマ」を一つ見つけることが中堅教師のいちばんの課題です。そんな何かが見つかれば、燃えつきることなく、情熱を傾けながら教師人生を続けることができるでしょう。

そのためにもぜひ、サークルに入ることをおすすめします。例えば千葉にお住まいの方であれば、日本教育カウンセラー協会の千葉県支部など、地域に根づいた、同じ志をもった教師がいるサークルに入って、仲間と日常的にふれあい切磋琢磨しながら、自分のテーマを深めていただきたいのです。

◆一度現場を離れる——長期研修・大学院修学休業制度を利用

中堅教師の時代にぜひやっていただきたいのが、一度現場から離れることです。

長期研修や大学院修学休業制度を利用するといいと思います。大学院修学休業制度は、休業中は給与は支給されませんが、教員の身分は保有したまま、国内の大学院に通うことができます。

一度現場から離れるのです。そのときやっていただきたいことが三つあります。

一つは、自分を見つめる。自分のこれまでの教師人生を見つめるのです。

二つめが、自分の教師としての使命、テーマを見つける。これが大学院の修士論文になることも少なくないでしょう。

「私は教師人生でこれをやるのだ」という教師人生全体にかかわるテーマ、全能力と全情熱を注ぐことができるようなテーマを見つけていただきたいのです。それが、「私は教師としてこれをやり通すのだ」という教師としてのミッション（使命）を見つけることにつながります。

私は現役の教師が大学院にきた場合、単に学術的な論文を書かせることに意味があるとは思いません。その先生自身の教師人生のテーマにつながる修士論文を書いてほしいのです。

三つめは、せっかく大学院へ行くのですから、特に実践的な授業を多く受けてスキルアップを図ること。

いまから十年後、自分がベテラン教師になるころには、教師に求められる資質や能力もいまとはだいぶ変わっていくでしょう。新しい技能を学んで、自分の教師としての技能をバージョンアップさせていきましょう。

3　ベテラン教師時代（五十代〜定年退職・再任用）にするべきこと

◆ベテラン教師は、学校、地域、コミュニティーという視点をもつ

五十代から定年までのベテラン教師時代の役割の一つは、学校、地域、コミュニティーという視点をもって仕事を行うことです。学校をどうつくっていくかというリーダーとしての視点をもつことが必要になります。

「いいえ、私は管理職になるつもりはありません」と言う方がいるかもしれませんが、学校経営・学校運営は、管理職だけで行うものではありません。

ベテラン教師になったら、生涯学級担任でやっていくとしても、大きな視点でものを見るようになりたいものです。

ベテラン教師がこだわりをもって行う仕事は、まさにオンリーワンの実践になります。

ある先生は、転勤先の学校で地域との連携が希薄化していることを憂慮して、教育について本音で語り合う会を企画し、定期的に行っています。その際には、エンカウンターを活用して

参加者一人一人が意見を言いやすいよう工夫して、本音で語り合える場づくりをしています。
「もはやこれは私のライフワークです」とおっしゃっています。
こうしたベテラン教師の仕事が、学校や地域を変えていく原動力になるのです。

◆若手のサポート役になろう

そしてもう一つ、ベテラン教師の重要な役割は若手のサポートです。このときに大切なのは、若手教師が援助を求めることができる相手になることです。

人間としての厚みをもっていて、そばにいるだけでホッとできる。そんな先輩教師がいると、若手教師は困ったときに「実は私はこれで困っているのです」と語りやすくなります。

ベテラン教師のほうからの声かけも大切です。

このとき、声かけの仕方には注意が必要です。五十代の先生方から何件も、同じ内容の相談を受けました。それはこういう内容でした。

「ある若手の先生が、はたからみても明らかに困っているようでしたので、『大丈夫?』と声をかけたのです。そうしたら、突然ポロポロと泣き始めて激高し、『どうして私が困っていることがわかったのですか。もう先生とは話したくありません』と、完全に心を閉ざされてしまったのです。若手の先生とどうかかわっていいかわかりません」

若手教師は、評価に非常に敏感です。「大丈夫ではない」と周りから思われることに、大きな不安を感じるのです。

もしこの若手教師がほんとうに大丈夫であれば、こちらから「大丈夫？」と声をかけていいのです。しかし、大丈夫ではないからこそ「大丈夫？」と聞かれたら、「問題を抱えていることがばれてしまった。校長にも報告されるに違いない」とおびえるのです。

こういう先生に対しては、「開かれた質問」を上手に使ってほしいと思います。

例えば、「最近どうですか」と声をかけて、相手が話すのを待つ。こちらが聞きたいことを聞くのではなく、相手が話したいことを話すきっかけをつくるのです。少し軽みのある雰囲気で声をかけてみて、反応が重たかったら「どうした？」と、少し低めのトーンで声をかけ直します。まず「どうですか」と声をかけて、相手のフィードバックをみることができる先生が、援助が上手な先生なのです。

相手と雰囲気がずれているとうまくいきません。相手が少し重ための雰囲気だったらこちらも重ための雰囲気で「うん、どうした？」と声をかけること。これは「チューニング（波長合わせ）」と呼ばれるカウンセリングの重要なスキルです。

◆管理職は「共同体感覚」と「勇気づけ」でリーダーシップの発揮を

管理職は当然ながら、リーダーシップを発揮することが大切です。リーダーシップでいちばん重要視していただきたいのは、アドラーのいう「共同体感覚」と「勇気づけ」です。

「私はこの組織の一員として意味のある存在なのだ」と感じたとき、人間は心から満たされて成長の意欲がわいていくものです。これが共同体感覚です。

すべての教職員が、「私はこの学校で必要とされている存在だ」「私は校長から必要とされている」と思えているような教職員集団をつくること。つまり、教職員の一人一人に共同体感覚を育んでいく。これこそが管理職に求められる資質・能力だと思います。

一人一人の先生に声かけし、「○○先生、私はこの学校をこういう学校にしたいと思っているんです。それにはあなたの力がどうしても必要なのです」と、校長自身が哲学を語り、メッセージを伝えていただきたいのです。

校長が個別に一人一人にやさしく声かけして回ることで、共同体感覚が育まれていきます。そのためには、勇気づけの声かけが必要です。これは、「信頼と期待の言葉かけ」のことをいいます。

校長が一人一人の教師にだめ出しばかりを続けたら、「勇気くじき」といって意欲を奪ってしまいます。「先生なら、こういうことができる先生になれると思います。期待していますよ」といった、信頼と期待の言葉かけをしていくのが勇気づけです。一人一人の教師の意欲を引き出すことができるのが、よいリーダーの条件です。

第6章

これまでの教師人生を見つめる

――ライフライン・ワーク

1　自分の教師人生をライフラインでかいてみよう

本章ではライフラインをかきながら、これまでの自分の教師人生をじっくりふり返っていただきたいと思います。

一般的なライフラインは「とてもいいことがあったら百点で、全然なかったら○点」といった「よしあし」で点数を付けます。今回のライフラインは「よいことがあったか、悪いことがあったか」ではなく、そのときの人生の濃密度「心が満たされていたかどうか、濃密だったかどうか」ということに焦点を当ててふり返り、記入してほしいのです。

基準は、平均がプラスマイナス「ゼロ」。幸福感や成功感を感じたら上のほうに、絶望感を抱いたらマイナスのほうに線で記していきます。そして濃密度を感じたら、記入例のようにグルグルの線で表します。このグルグルは「そのときどきの人生の濃密度」を示します。

例えば、「三十代前半のこの時期は、学級経営が失敗したときだ。保護者からクレームがついて、管理職にも叱られて、さんざんな時期だった。くじけそうになったけれど、このまま終わ

「私の教師人生」ライフライン

「若手教師後半時代」記入例

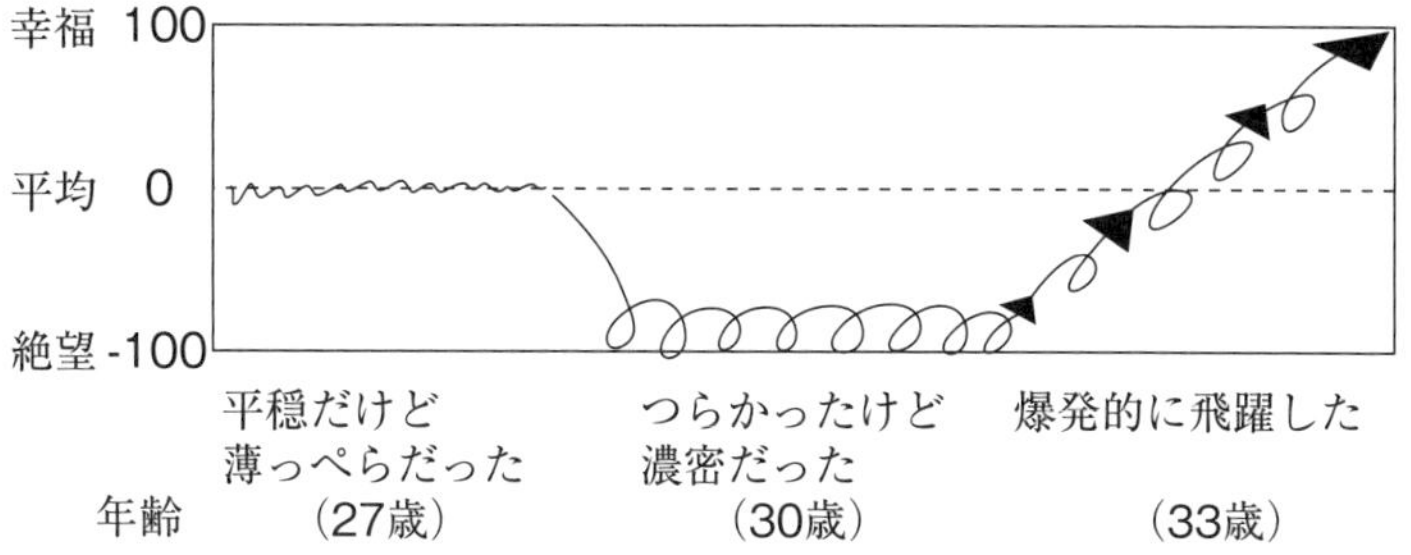

ってなるものかと思って、学級経営の方法を必死になって勉強したり、カウンセリングの講座に通ったりした。必死で勉強した。思い返せばこのときの学習が、私の教師としての力の原点になっていると思う」――こういう時期でしたら、とても濃密だったということです。

逆に、「学級経営も授業も保護者対応もそこそこできていた。おだやかに日々が過ぎていった。けれど、何も問題がなかったぶん努力もしなかった。思い返せば、ぬるく薄っぺらな時期だった」――「人生の濃密度」という視点でみると、平穏だったけれど薄かったということもあるでしょう。

何も平穏で薄っぺらな時代が悪いわけではありません。いつも濃密な体験ばかりしていたら、心がパンクしてしまいます。過去を評価するのではなく、ただふり返っていくのです。

ライフラインを五つの時期ごとに記入していってください。

①大学生時代（大学院含む）

自分の大学生、大学院生時代をふり返ります。教師になる決意をした時期です。教師になるという決意を固めていく時期に、どんな経験や思いがあったか。その体験や思いはどういう密度だったか。ふり返って記入してください。

②若手教師前半時代（教師人生スタートの五年間。講師含む）

教師としてのスタートを切った時期にどういう経験を積んだか、ふり返ってみましょう。失敗したこと、学んだこと、よかったこと、悪かったことを思い出しましょう。どれくらい濃密な時間だったか、逆に平穏だけど薄い時代だったか書いてください。

③若手教師後半時代（半分若手・半分中堅～三十代前半）

「若手」としてちやほやされる時代は去った時期です。新任の先生をフォローする役割を担わされたり、場合によっては学年主任であったこともあるでしょう。

④中堅教師時代（三十代半ば～四十代後半）

「これが私の教師人生の中心テーマだ！」というテーマを見つけて、それに命を燃やしていく、充実している時期です。この時期にテーマを見つけられずにいると、そのあとがつらくなってきます。

⑤ベテラン教師時代（五十代〜定年退職・再任用）

自分のテーマである学級経営にさらに磨きをかけて熟練させ、「学級づくりの名手」になる先生もいます。人によっては現場から離れていったん行政に行き、戻ってきて管理職になる人もいます。

⑥大学卒業からいままでのトータル

すべて記入し終わったら、最後にトータルで、大学卒業から現在までのライフラインを改めてもう一度かいてみます。

③**若手教師後半時代**（半分若手・半分中堅～30代前半）

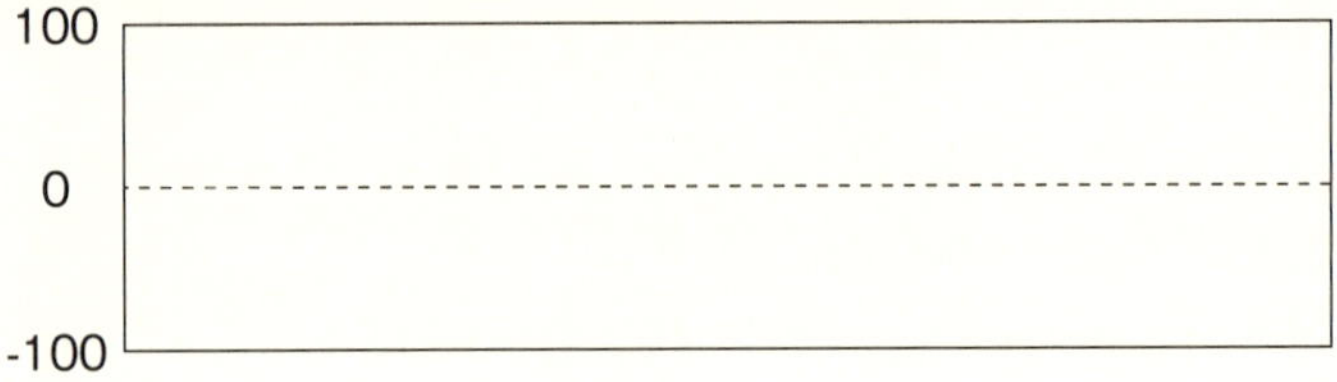

④**中堅教師時代**（30代半ば～40代後半）

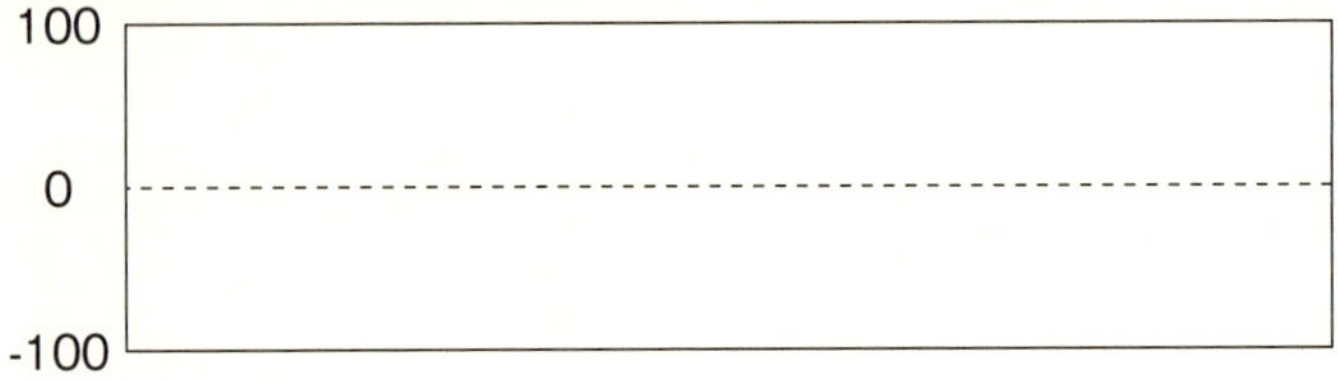

⑤**ベテラン教師時代**（50代～定年退職・再任用）

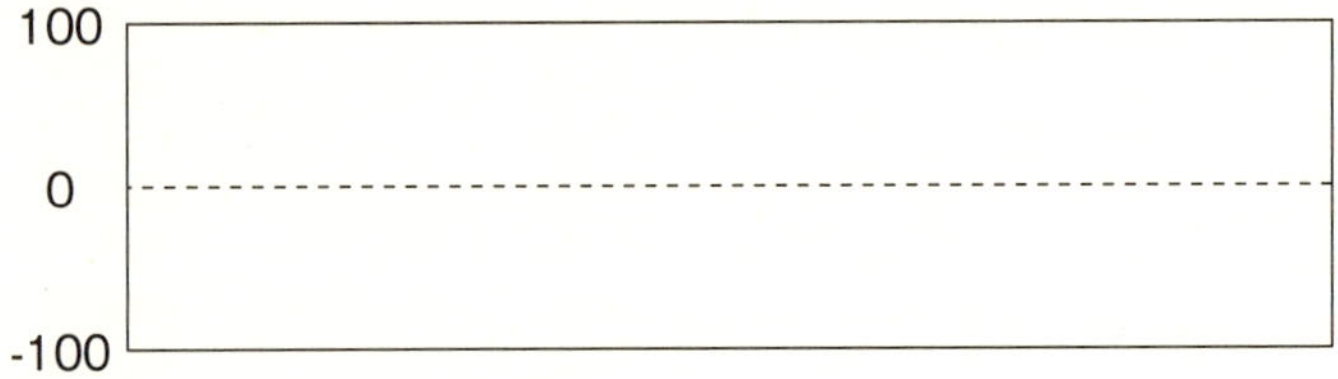

⑥**大学卒業からいままでのトータル**

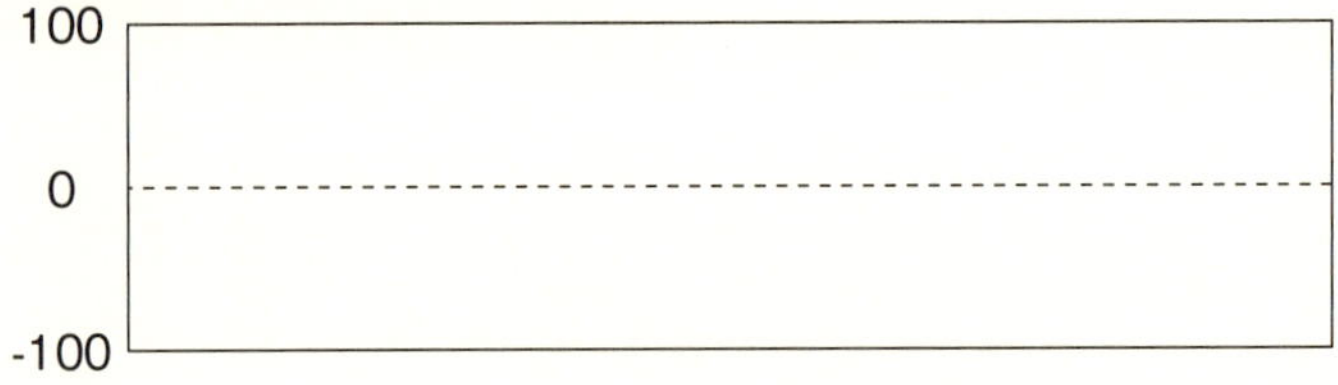

「私の教師人生」ライフライン

そのときがどの程度濃密だったかどうかに焦点を当てて，いままでの教師人生をふり返ってみましょう。

教師生活５年未満の方は，①②⑥の欄を，50代以降の方は，①～⑥すべての欄を埋めていきます。

※横軸には，だいたいの年齢をご自分で記入してください。

【記入例】③若手教師後半時代

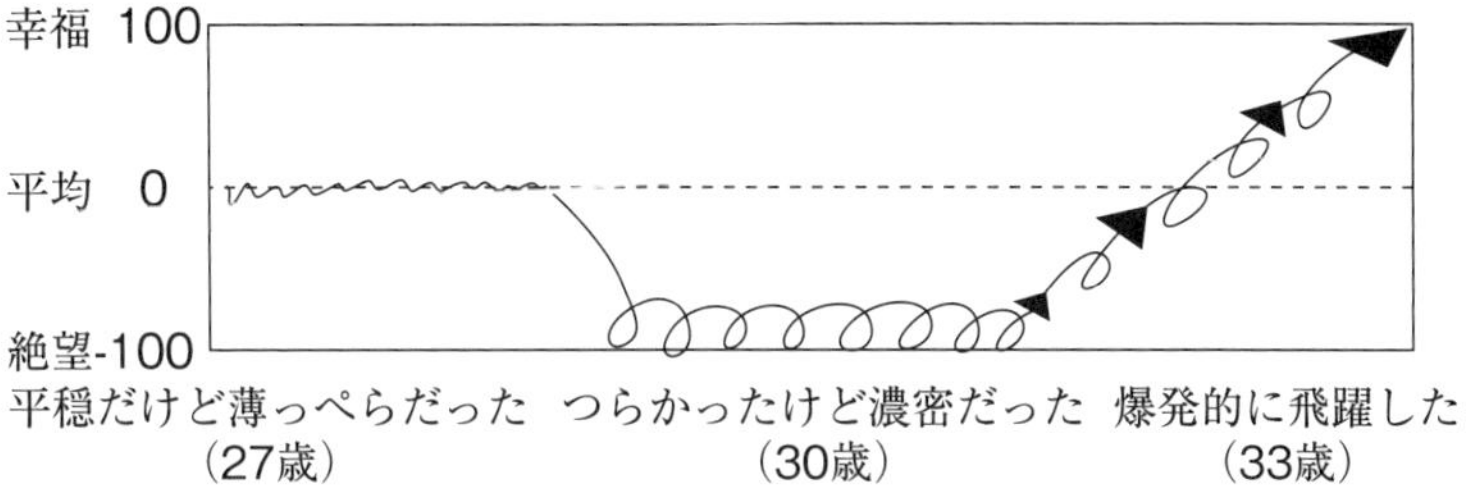

①大学生時代（大学院含む）

100

0

-100

②若手教師前半時代（教師人生スタートの5年間。講師含む）

100

0

-100

2　ライフライン・ワークを校内研修等で行おう

　このライフライン・ワークをぜひ行ってください。例えば、学年の教師グループで行ってもいいでしょう。校内全体での研修で行うこともできます。教育カウンセラー協会などの研修で行うこともできますし、市教研や区教研で行ってもいいでしょう。一三六〜一三七ページをコピーして配り、これまでの教師人生をライフラインに書き込み、お互いに語り合うのです。

　ポイントは、四〜六人を一グループとすること。七人以上で行うとうまくいきません。最上限六人。最少人数は四人です。全体の研修時間が二時間でしたら、最初の二十〜三十分を①講師による説明とデモンストレーション（お手本のこと：講師自身が「自分の教師人生」についてライフラインを書きながら、心を込めて語ります。ポイントは自己開示）と②各自がライフラインを記入するための時間（約二十分）にあてます。その後、①グループになり、一人十分間「自分の教師人生」について語ります。ほかのメンバーはうなずきながら「聴く」ことに徹します。②ほかのメンバーからフィードバックをもらう時間を十分間設けます（一人にかかる時間は計二十分。四人で約八十分）。

第7章

教師であるあなたへ

――魂のメッセージ

最後の章では、改めて、教師のみなさんへ私の心からのメッセージを贈りたいと思います。

1 年に一度でいい。「魂が震える授業」をせよ

教師という仕事は、魂を注ぎ込むに値する仕事です。

できれば学期に一度、それが無理であれば年に一度でいいので、自分の魂をストレートにぶつけて、子どもたちの魂が打ち震えるような、そんな授業を行っていただきたいのです。

「心に響く」といった表現ではたりません。教師が本気で自己開示をし、その先生自身の魂も打ち震えるような、そんな授業をぜひ行ってほしいのです。

もちろんどの授業でもかまいませんが、魂が震えるような授業を行うのに最も適しているのは道徳の授業だと思います。学校の教育課程のなかで、唯一、生き方を直接的に教えることができるのが道徳の時間だからです。

「人生でいちばん大切なのはこれなのだ！」「これだけは、どうしても子どもたちに伝えたい！」という教師の思いを、真剣かつストレートに伝えることができる時間です。

ある先生がご自身の道徳の授業をふり返って、こんな話をしてくれました。

「私は、いじめだけは断じてやめてほしいという願いをもっていました。あるとき道徳の授

業で、いじめの問題を取り上げたのですが、どうも子どもたちに伝わっている感触がありませんでした。私は途中からどうしていいかわからなくなり、バンバンと黒板に空手チョップをしながら授業を続けて、もう最後は泣き始めちゃったんです。

子どもたちが卒業して一年後の同窓会で、ある教え子にこんなことを言われました。『先生の授業は、正直に言ってそんなに覚えてないんです。でも先生が震えながら黒板に空手チョップをしていた道徳の授業、あれだけは忘れられません。実はあのとき、クラスの中で○○さんをいじめていたんです。けれど、先生のあの姿を見たら、とてもじゃないけど、いじめられなくなりました』……」

優れた教材をどんなに揃えて行った授業も、教師が自らの魂をぶつけた授業にはかないません。自分の人間としての生きざまを、魂を震わせながらぶつけていく授業。魂の火花が散るような授業。そういう授業を年に一度でもやっていただきたいのです。

2　三六五日、二十四時間教師であれ！

私の知り合いの小学校の先生に、ユニークな発想で教材を作る名手がいます。

この先生は、「百円均一ショップに行ったら、すべてが教材に見える」と言います。今度はこれを授業でどう使おうか、学級会でどう使おうか……と考えながら店内を見て回っているのです。商品すべてを教材として眺めていると、実際それは教材に「なる」のです。この先生は、新聞を読むときも、教材として伝える記事はないか、と思いながら読みますし、テレビを観るときも、この場面は教材として使えるのではないか、と絶えず教材探しモードで観ています。

この先生のユニークな発想の授業は、三六五日、二十四時間、教師でいつづけていることから生まれるものなのです。

3 「教師魂」の本質は、ミッションとパッションだ！

教師としてのミッションとパッション、使命感と情熱をもてば、保護者からのバッシングや同僚からの冷たい仕打ちなどがあっても、心が折れることはありません。

ある先生はこう言いました。

「私には給料のために仕事をしているという自覚はありません。でも、自分は給料の何倍もの仕事をしているという自負があります。給料明細を気にし始めたらとてもこの仕事は続けられません。だから、私は給料明細を見たことがないんですよ」

教師に何より必要なのは、使命感と情熱なのです。

考えてみてください。仮にあなたが、教師という仕事に使命感も情熱ももっていなかったとします。すると、あなたが担任をしていたクラスの子どもたちはどうでしょう。教師を選べない子どもたちはとても不運ですよね。あなたが担任にならなければ、ミッションとパッションをもったほかの教師が、その子どもたちの担任になったかもしれないのですから。

小学生・中学生というきわめて多感な時期、教師は子どもたちの人生を変えるほどの大きな影響力をもっています。

先生方が本気になったとき、子どもたちは大きく変わっていきます。特に教師チームがスクラムを組み、本気で取り組み始めたときには、スクールカウンセラーなんて吹き飛んでしまうほどの大きな影響力を発揮します。自分がやらずにだれがやるんだ！　という気概をもって教育に取り組んでいただきたいと思います。

4　教師人生のテーマをもて

四十代以降の教師人生は、自分なりのテーマがないとつらくなってきます。

一度原点に立ち返って、「私は何のために教師になったのか」と自分を見つめてみましょう。

「教師になったときは、実は、あまりよく考えていなかった」という方もいると思います。

それでもいいのです。教師人生を続けるなかでテーマが見つかることはよくあります。

逆に、「教科の授業が面白くて教師になったけれど、四十歳を過ぎたいまは、あまり魅力を感じない。むしろ不登校の子どもとかかわることが私の天職ではないか」と思ったら、教育カウンセリングに重点をシフトしてもいいのです。

いじめや不登校を予防するために心理教育的なプログラムを学習して、学級担任とスクールカウンセラーとが共同で、心理教育プログラムを作ってもいいでしょう。

5 「これなら絶対に負けないという何か」「自分の教師としての強み」を一つ見つけよ

教師という仕事を長く続けていくのは大変なことです。心を込めて子どもとかかわっても、裏切られてしまうことはたびたびあります。保護者からクレームが来ることもある。同僚から冷たい仕打ちを受けることもあるでしょう。

つらいことの多い教師人生を生きていくためにはレジリエンス（心の回復力）をもっていないと、とても続けていくことはできません。そのときに問われるのが自己肯定感、そして自分の強み、ストレングスについての感覚です。

「私は教師として、これだけはだれにも負けない」と思える何かがあるかどうか。これが教師としての自己肯定感やストレングス、ひいてはレジリエンスにもつながるのです。

6　うつを恐れることなかれ。うつは教師の勲章である

ある先生が校長先生からこう言われたそうです。

「長い教師人生を送っていれば、どんな人でも、教師を辞めたいと思ったことが二回や三回はあるだろう。この厳しい時代に真剣に教師をやっていたら、一度や二度はうつになるのがあたりまえ。君がうつになったのは、真剣に教師をやっている証しだ。逆に一度もうつにすらならないのは手を抜いている証拠。うつは教師の勲章だよ、君」

この言葉が支えになって、この先生は、定年まで教職をまっとうすることができたそうです。

「うつかな?」と思ったら、躊躇せずにメンタルクリニックを受診してください。何も恥ずかしいことはないのです。うつは「教師の勲章」なのですから。

7　月に一度は教師以外の人とふれあう時間をもて

「教師は学校の外の現実を知らない」とよくいわれます。

教師にほかの職業体験をさせるべきだとか、民間人から教員をもっと入れるべき、といった

声も少なくありません。私は、民間人が必要だとはそれほど思いませんが、教師が外の世界と接点をもつことは大事だと思います。

そのためには、ほかの職業の人とふれあう機会をつくればいいのです。いちばんおすすめしたいのは、教師以外の人も参加する心理学のワークショップに参加して、深く交流し合う場をもつことです。表面上つきあうだけでは意味がありません。深い心の交流が行われるような学習会に参加することが大事です。

8 安心してつらさを話し、相談できる相手を見つけよ

教師は、上司・同僚に悩みを打ち明けられない人が少なくありません。その理由は二つ。一つは、評価を気にするので、上司・同僚に弱みを見せたがらないということ。もう一つは、教師という仕事に就く人は、まじめ過ぎる傾向があるということです。「私が担任なのだから、学級の問題はすべて自分で解決しなくてはいけない」と一人で抱え込みやすいのです。

そこで求められるのはヘルプシーキング（援助希求・被援助志向性）の能力です。助けを求めることができる力が、長く教師を続けるためには不可欠なのです。

昨今の、自己責任を強調する社会の風潮は、自立ばかり強調し孤立を深めてしまうところが

「援助資源」リスト　(2009 吉満・諸富)

このうち，だれだったら，あなたが困っているとき，悩みを聞いて味方になってくれるでしょうか。○を付けてみましょう。

・同じ学年の先生　(　　　先生)
・同じ学校の先生　(　　　先生)
・校長や教頭　(　　　先生)
・保護者　(　　　さん)
・前に一緒に働いた先生　(　　　先生)
・かつての校長や教頭　(　　　先生)
・研修や勉強会で出会った先生方　(　　　先生)
・同期の仲間　(　　　さん)
・友人や知人，恋人 (　　　さん)
・夫や妻，親　(　　　)
・ネット上の相談相手　(　　　さん)
・特別支援コーディネーターの先生　(　　　先生)
・スクールカウンセラー (　　　さん)
・教育センター
・教育委員会
・病院へ行ってみる
・心理士や弁護士などの専門家
・その他　(　　　)

あります。これからの社会を生きていくためには、ほどよく自立し、ほどよく依存することが大切です。

つらいときには同僚と、「つらいよね、大変だよね」「そうだよね、やっていられないよね」と愚痴をこぼし合うことができるといいでしょう。

「援助資源リスト」を使って、自分がだれになら相談できるか考え、相談できる相手を見つけましょう。

9　子どもたちがSOSのサインを出しやすくする工夫をせよ

SOS シート

名前＿＿＿＿＿＿＿＿

どちらかを○で囲みましょう。

1	夜，ねむれないことがある。	はい　いいえ
2	学校に行きたくないと思うことがある。	はい　いいえ
3	何でも話せる友達がいる。	はい　いいえ
4	いじられたり，からかわれたり，仲間はずれにされたりすることがある。	はい　いいえ
5	もしかすると，いじめられているのかもしれないと思うことがある。	はい　いいえ
6	先生は私のことをわかってくれない。	はい　いいえ

子どもたちには、ＳＯＳを出してもらいやすいように、「ＳＯＳシート」を書いてもらいましょう。調査目的ではなく、「ＳＯＳを出してもらう」ことが目的のシートです。

いじめのターゲットは短期間でどんどん変わっていきます。年二～三回のアンケートでは、いじめられている子どもにＳＯＳを出してもらう機会としてはたりません。

このＳＯＳシートでしたら、一～二分でできます。ぜひ月に一回程度行いましょう。

頻度を多くして、子どもがつらいとき、すぐに援助を求めることができる工夫をしていくことが大切です。

10　教師は「リレーション名人」をめざせ

教師から拒否的にかかわられたために、つらい思いをしたり、自己肯定感が下がった子どもはたくさんいます。「自分は人間関係のプロである」というプロ意識をもって、どの子どもともかかわっていただきたいのです。

相手を選ばずにすぐにリレーションづくりができる、「リレーション名人」をめざしてほしいと思います。

11　子どもが四十、五十、六十歳になったときの「幸福力」を育てよ

学校教育は何のためにあるのか。子どもに幸福な人生を送ってもらうためです。

「小学生として優秀な子ども」に育てるために小学校教育があるわけではありません。

その子どもが将来四十、五十、六十歳になったときに、幸福な人生を歩むことができる力を育てるためです。生涯にわたる「幸福力」の資質・能力を育てていくことが、学校教育の目的です。いまから三十年後、四十年後、五十年後の社会がどうなっていて、そのときにどういう力が求められるのか。想像力をめぐらせて考え、それを育てていってほしいのです。

私は『「７つの力」を育てるキャリア教育』（図書文化）という本で、子どもたちに幸福な人

生を歩んでもらうために育てていく必要のある能力として次の七つをあげました。

1　出会いに生き方を学ぶ力……人との出会いの中で自分の生き方のモデルを見つける力

2　夢見る力……「ああなりたい」「こうなりたい」と思いをめぐらせる力

3　自分を見つめ、選択する力……自己選択できる力

4　コミュニケーション能力……人間関係を築く力

5　達成する力……小さな目標でも決めた目標を達成できる力。自己効力感が養われる

6　七転び八起きの力……再チャレンジする勇気のこと。レジリエンス

7　社会や人に貢献することに喜びを感じる力……自分が役に立っているという実感をもつことができる力（アドラー心理学の「共同体感覚」、文科省用語では「自己有用感」）

12　子どもに使命感を形成させよ

私がとりわけ重要だと思うのは、「子どもに使命感を形成させる」ことです。

人間が幸福になるために何が必要かといえば、魂のミッションです。自分の人生に与えられた使命についての感覚をもつことほど、幸福になるうえで必要なことはないのです。

いま、人間力や非認知能力の育成がうたわれていますが、私はそのなかでもいちばん重要な

のは、この使命感の形成だと思うのです。

例えば、人口減少社会をどうサバイバルしていくかという問題。あるいは人類が破滅してしまうかもしれない環境問題。格差の問題。世界はさまざまな答えなき問いにあふれています。

答えのない問題に直面させて、教師も子どもも一緒に真剣に考え抜く体験をすることが、子どもたちの使命感の形成につながるでしょう。

13 ミッション、パッション、レスポンシビリティー

子どもたちに使命感をもって人生を生きていってほしいのであれば、まず教師自身がミッションをもつことです。教師自身が「人生で果たすべき使命に無心に取り組んで生きている一人の人間」のモデルとなることです。

教師自身がパッションをもって教師という仕事に取り組んでいなかったら、子どもたちに「君たちも手を抜いて生きていていいんだよ」という、悪しきモデルを見せるようなものです。

ミッションは、世界の問いへのレスポンシビリティー（応答性）から生まれます。世界は「答えなき問い」に満ちています。地球の裏側で、いまこの瞬間も、飢餓で死んでいく人たちがいます。大きな宇宙レベルで見ると、地球の裏側なんてすぐそこです。しかもインターネットで

即時コミュニケーションがとれるわけですから「ただのご近所」です。

例えば、環境問題、差別の問題、格差の問題……あるいはテロも、いつ東京に起きるかわかりません。こうした問題を自分とかかわるのっぴきならない問題として引き受け、それに応えていく感受性を、子どもと教師が一緒になって高め合っていきましょう。

14 「裏切られても裏切られても見捨てない教師」であれ

――子どもに「イラッ」とさせられたら、そのときこそ大切な「瞬間」。そのとき、あなたはほんものかどうか「確かめられ」「試されている」！

私は中学校でスクールカウンセラーをしていますが、いくらこちらが心を傾けて、時間とエネルギーをかけてかかわり続けても変化がみられない場合があります。この生徒のために、どれだけの時間とエネルギーを割いたのだろうと思うこともあります。

でも、私には、それでいいという覚悟があります。

私たちの仕事は「子どもに裏切られる専門家」といってもいい仕事だと思うのです。

特にカウンセリングを学んだ教師、教育カウンセラーの一つの役割は、「裏切られる専門家」であることです。「裏切られても裏切られても、見捨てずにかかわり続ける決意と覚悟」をもっていただきたいのです。

私はこれを、教育カウンセラーとして活動の根底にすえています。

特に、小学校高学年から高校生ごろの「思春期」には、存在そのものが不安定になります。何かあるとすぐに自分自身がぐらつきます。そんなとき、大人に対して「この人はほんとうに自分のことを見捨てないかどうか」を「確かめ」たくなります。子どもが大人を「確かめる」とき、ここが勝負です。大人は、ほんものかどうかを子どもから「試されている」のです。

子どもが大人を「この人は自分をほんとうに見捨てないかどうか」を確かめるとき――大人が「イラッ」とくることをわざとやってきます。ここが勝負の分かれ目。子どもから失礼なことをされて「イラッ」ときたり「カッ」となったりしたときこそが重要です。それでもその子を見捨てず、つながりを切らずに、かかわり続けることができるかどうかが問われる「瞬間」がやってきます。その「瞬間」に、こちらはほんものかどうかを「試されている」のです。

もしもそこで大人が「裏切られても裏切られても見捨てないかかわり」を続けることができれば、子どもの中にじわっと「世界に対する肯定的な感覚」「人生への肯定的感覚」が生まれてきます。「この世界もそんなに悪くないな」「人生、捨てたもんじゃないな」という感覚がじわーっと広がっていくのです。これが、「子どもがよくなっていく決定的場面」です。

逆に、イライラに任せて教師がそこで「おまえは俺との約束を裏切った。おまえのことはもう知らん」となってしまうと、子どもの中の自己否定の感覚、世界や人生への不信感が強まります。「どうせだめだ」「やっぱりだめだ」と投げやりな人生態度を育んでしまうことにもなるでしょう。相手が非行少年や被虐待児ならなおさらです。彼らの心の中の「根源的な自己否定感」を募らせてしまうことにもなりかねません。

実は私自身にも、こんな経験があります。

十八歳のときのこと。悩める青年だった私は、國分康孝先生に、わざと読めない字で葉書を書いて、無意識のうちに「それでも返事がくるかどうか確かめた」ことがあります。存在そのものが不安定に揺らいでいた私は、國分先生を「試す」という不遜な行為を無意識のうちにしてしまったのです。すると先生からこんなお返事をいただきました。

「今回の君の字は読めなかった。次からは読める字で書くように」

これでいいのです。とにかくやさしくするのがカウンセリングだと勘違いしている人がいます。そうではありません。「たしなめる」のはよいのです。大事なのはそれでも返事を出すこと。かかわり続けることです。もしもこのとき國分先生から返事をいただけなかったら、「僕は見捨てられた」と思ったかもしれません。しかし、返事をいただけたことで「先生に見捨てられなかった」という思いが生まれました。そしてそれが、私の人生そのものに対する信頼感、世界そのものへの信頼感につながっていき、私の生きる力になったと思います。三十六年たったいまも、國分先生には心から感謝をしています。

15 悪いこと続きのときこそ、自分を見つめるチャンス

読者のなかには、現在うつで休職中の先生もいらっしゃると思います。そんなときこそ一回退却して深く内面を見つめて、教育カウンセリングを学ぶよい機会にされるといいと思います。うつで休職中の教師は、不登校の子どもに似ています。行きたくても行けないのです。うつで休職中の先生は、不登校の子どもの気持ちが、痛いほどよくわかると思います。いまは「不登校の子どもが行きたくても行けないつらい気持ち」を実感として理解する「絶好の研修のチャンス」だと思ってください。

休職中の先生にかぎらず、人生、悪いこと続きのときは、「守りのとき」です。いまは少しこもって自分自身を深く見つめるときです。ワークショップなどに出向き、自分を静かに深く見つめ、語り合う。そんな自分自身の学びのための時間にされるとよいと思います。

16 二週間以内に「確実にできる、小さな何か」を始めよ

どんな小さなことでもかまいません。二週間以内に何かを始めてください。二週間以内に何かを始められない人は、結局人生を変えられない人です。

さあ、「二週間以内に何をするか」——いま、考えてください……………決まりましたね。

では、まずスケジュール帳の一週間先のところに、「○日までに○○をする」とそのことを書いてください。一週間たってその手帳を見たら、「あと一週間しかない！」と焦るでしょう。次に二週間後の欄に「この日までに○○する」と目標を書き込みましょう。

このときのポイントは、確実に達成可能な小さな目標を書くことです。

例えば、「リレーション形成の名人になる」……これは一週間ではできませんね。こうした高すぎる目標設定をするのではなく、例えば「一回五分、班での『今日一日、がんばり見つけ』を放課後に一回行ってみる」……これなら確実にできると思うのです。

高すぎる目標を設定してしまうと、「また達成できなかった」と挫折感ばかりが募ります。これを「学習性無力感」といいます。達成できなかった体験を重ねることで「どうせできない」と無力感が身についてしまいます。意欲が失せてしまうのです。

「できる自分」になるために何が大事かというと、「小さなできること探しがうまい人」にな

ることです。

この二週間で「確実にできる小さなできること探し」をしてスケジュール帳に書きます。達成できたら、また二週間以内にできることを見つけて、同様に一週間後、二週間後の欄に書き込みます。これを続けていくのです。

小さな達成体験を積み重ねることによって、自己効力感が高まっていきます。「自分はできる教師だ」という深い自信につながっていきます。

ぜひ「二週間以内に実行できる小さな何か」を見つけましょう。それを早速、スケジュール帳の一週間後のところに書いてください。

これが、あなたの教師人生を変えていくスタートになるのです。

〔引用・参考文献〕

①阿部次郎『合本　三太郎の日記』角川選書、一九六八
②アルフレッド・アドラー著、岸見一郎訳『人生の意味の心理学』発行：アルテ、販売：星雲社、二〇一〇
③河村茂雄『日本の学級集団と学級経営』図書文化、二〇一〇
④広井良典『人口減少社会という希望』朝日新聞出版、二〇一三
⑤A・H・マスロー著、上田吉一訳『人間性の最高価値』誠信書房、一九七三
⑥A・H・マズロー著、小口忠彦訳『人間性の心理学』産業能率大学出版部、一九八七
⑦山崎準二『教師という仕事・生き方』日本標準、二〇〇五

〔本書に関連する諸富祥彦の著書〕

『カール・ロジャーズ入門　自分が〝自分〟になるということ』コスモス・ライブラリー、一九九七
『トランスパーソナル心理学入門』講談社現代新書、一九九九
『生きていくことの意味――トランスパーソナル心理学・9つのヒント』PHP新書、二〇〇〇
『「7つの力」を育てるキャリア教育――小学校から中学・高校まで』図書文化、二〇〇七
『生きづらい時代の幸福論――9人の偉大な心理学者の教え』角川新書、二〇〇九
『自己成長の心理学――人間性/トランスパーソナル心理学入門』コスモス・ライブラリー、二〇〇九
『教師の悩みとメンタルヘルス』図書文化、二〇〇九

『はじめてのカウンセリング入門　ほんものの傾聴を学ぶ（上・下）』誠信書房、二〇一〇
『はじめてのカウンセリング入門　カウンセリングとは何か（上・下）』誠信書房、二〇一〇
『カウンセラー・心理療法家のための　スピリチュアル・カウンセリング入門（上・下）』誠信書房、二〇一二
『あなたのその苦しみには意味がある』日経プレミアシリーズ、二〇一三
『あなたがこの世に生まれてきた意味』角川ＳＳＣ新書、二〇一三
『魂のミッション』こう書房、二〇一三
『教師の資質』朝日新書、二〇一三
『悩みぬく意味』幻冬舎新書、二〇一四
『教師が使えるカウンセリングテクニック80』図書文化、二〇一四
『知の教科書　フランクル』講談社選書メチエ、二〇一六
『魂を満たして生きる』集英社新書、二〇一七

気づきと学びの心理学研究会〈アウェアネス〉

この研究会では，諸富が講師を務め，自己成長，人間的成長を目的とした体験的な心理学の研修会（ワークショップ）を行っています。私のホームページ（http://morotomi.net/）で内容をご確認のうえ，メールまたはFAXにてお申し込みください。郵送をご希望の方は，下記まで92円切手同封のうえ，お知らせください。

〒101-0062　東京都千代田区神田駿河台1-1 明治大学14号館
諸富研究室内「気づきと学びの心理学研究会事務局」
問い合わせ・申し込み先　e-mail：awareness@morotomi.net
FAX：03-6893-6701

教師の自己成長と教育カウンセリング
教師の人生はミッションとパッションだ

二〇一七年五月二十日　初版第一刷発行　［検印省略］

著　者　諸富祥彦©
発行人　福富　泉
発行所　株式会社　図書文化社
〒一一二・〇〇一二　東京都文京区大塚一・四・一五
電話　〇三・三九四三・二五一一
ファックス　〇三・三九四三・二五一九
振替　〇〇一六〇・七・六七六九七
http://www.toshobunka.co.jp/
装　幀　本永惠子デザイン室
印　刷　株式会社　厚徳社
製　本　株式会社　村上製本所

ISBN 978-4-8100-7688-2　C3037